문장부호 찾기

김난옥 시집

◆ 작가의 말

일상 언저리에
겨우 등을 얹고 선
애잔한 언덕 하나
가만히 어루만지며

훠이 훠이
깊고도 고요한 침묵의 강을
휘감아 돌고 돌아

저 멀리 산자락에 피어나는
뻐꾹뻐꾹
뻐꾹새 향기처럼

시는 어느새
나의 곁에 와 있었습니다.

우주와 생명의 인연으로 온 모두에게 감사를
여름의 길목 입구에서 김 난 옥

차례

작가의 말   7

축시   155

발문   163

1부   문장부호 찾기

16   내 삶의 푸른 터널
18   It, 그것
20   가난한 들꽃
21   꽃
22   꽃 지기 전에 돌아온다
24   날개를 펴고
26   목마른 날
27   문장부호 찾기
30   새벽 바다
32   시인은
34   오후 4시를 지나간다
35   커피가 나를

2부 강물에 던진 열쇠

- 38 고전에서 찾다
- 40 간절한 곳에
- 42 꽃으로 찾아온 노래
- 44 헤엄쳐 가는 혀
- 45 강물에 던진 열쇠
- 46 검은 산
- 48 달도 덩달아
- 49 고물상 옆 정형외과
- 50 희망의 집
- 52 도타
- 54 암중모색暗中摸索
- 55 휴화산

3부 자작나무 숲으로 간다

- 58 지중해 연가
- 61 파도가 말해 준다
- 62 우주피스 공화국
- 64 코르푸섬의 낭만
- 66 나폴리 노래
- 68 피게레스
- 70 오르페오와 에우리디체
- 72 날개되어, 찾아온
- 74 무스탕
- 76 시간 변주곡
- 78 자작나무 숲으로 간다
- 80 어쩔 수 없다
- 82 나라는 고전
- 83 뒤집는 뿌리

4부 나의 시론

- 86 고요한 침묵
- 87 5월
- 88 그늘 하나 들이고 싶다
- 90 그래도 행복하다
- 92 금요시장
- 94 나의 도영아
- 97 꽃이 위로하다
- 98 나의 시론
- 100 등대처럼
- 102 손의 내력
- 104 싱어게인
- 105 봄 헤어숍

5부 내 눈빛의 온도

- 108 달이 기울면
- 110 내 눈빛의 온도는
- 112 청자빛 눈에 어리는 별
- 114 손끝에 파도가 인다
- 116 메멘토 모리
- 118 바람의 길
- 120 붉은 질문
- 122 시간의 어깨
- 124 얼
- 125 붉은 안부다
- 126 욕망의 속도
- 128 표류자의 노래
- 129 헤엄쳐 가는 몽유

6부 바늘이 웃는다

- 132 하루가 곧 한 생애(一日 一生)
- 134 날개가 없으니
- 136 내 안의 장롱에서
- 138 바늘이 웃는다
- 140 시니컬하다
- 142 오늘
- 144 우렁우렁 살아나는 날
- 145 파도 꽃으로 출렁인다
- 146 차마 울지 못한다
- 148 한밤중에 쿵쿵거리다
- 150 행복의 배아(胚芽)
- 152 풋콩 같은 시간
- 153 달밤

제1부

문장부호 찾기

내 삶의 푸른 터널

허공이 띄운 손가락에서
문장이 뛴다

매화가 찰나에 피듯
지는 벚꽃이 눈부시듯
소나기가 벼락 치듯
성나고 모난 흔적들
숲이 지우고 가는 하늘 산맥이
작고 왜소한 내 중심에
빽빽이 들어찬다

느닷없는 감성 한 줌이
거품이고 허상이어도
그 긴 세월 순간에 녹듯
여름을 가을로 물들이고 가는
이 숨찬 계절을 그냥 보내고 싶지 않다

내밀한 나를 여지없이 꺼내는
저 달빛 한 장

달포 넘은 긴 장마를 뚫고
토닥토닥 내 속에
긴 문장 하나를 건네고 간다.

It, 그것

잠의 지하실 안에서
맥없이, 그리고 고통스럽게
손길이 닿지 않는 어두운 곳
적절히 통제할 역할이 필요할 때
상상력 발전소의 연료를 쓰자
한 번도 웃지 못했을 미간이
좁은 골목을 지나가며 흔들린다
하나씩 껍데기를 벗고
성장하는 시인은
구름 이전,
미세한 수증기로 태어나기 전의 블랙홀처럼
시간은 그리움과 기다림을 새긴 화석이 되었을까,
뇌파 속의 낙서가 상상력을 통해
마음대로 이동할 수 있는 자유
수천 송이 장미를, 연꽃을
빛을 뿌리는 모든 것들이
제 스스로 솟아오른다, 피어난다
어딘가에 꼭 빛이 있는
그것은

충분한 자발적 고뇌로
승화될 수 있는 것
언제든지 새로운 것으로
절로 절로 나풀나풀 춤을 춘다.

가난한 들꽃

연둣빛으로 솟구치는 신록의 기둥들
한껏 뽐내는 듯 있어도
내 마음 하나 읽질 못합니다

새들이 재잘거리는 초록 물결 따라
무심한 듯 걷는 종종 발걸음 속에
소리마저 잠재운 버거운 그늘 밑
소담한 들꽃이 고요히 피어 있습니다

바느질로 밤늦어 시내에서 구석진 동네
버스비도 아까워 그 길을 걸어, 걸어서
지친 달 꾸벅꾸벅 조는 별들과 집에 드는
마치 나의 어머니 모습처럼

저리 가냘픈 제 몸으로
당신이 고뇌한 무게를 감당하느라
이리 그윽하고 고요하기만 합니다.

꽃

조용히 스며드는 속삭임
고운 자태 콕,

너른 하늘 벗 삼아
무한 사랑 심는
축복의 눈 맞춤.

* 김해예총 시화문학상 수상작

꽃 지기 전에 돌아온다

그녀는 숏커트 생머리
치마를 거부한다

목련보다 빠른 말의 꽃
그녀의 말은 찰나에 천리를 날아
꽃 지기 전에 돌아온다

진즉 스러졌을 꿈조차
시간의 마술사
혀끝에 되돌아오는 언어들

지금을 살아내는 대화 속에서
골짜기도 되고 강물도 되는
그러다가 터지는 봇물이 울음바다다

하늘은 쉽게 구름을 무시하고
바람은 나무를 흔들어도 겁이 없고
사람은 눈을 감을수록
그 안에 부끄러움이 숨겨진다

그래서
그녀는 엉뚱하고 생기 있다

눈을 감을수록 떠오르는
고향의 하늘, 바람
늙은 사람들의 눈동자

깊은 어둠 속,
묵묵히 서 있던 바위가
그리워진다.

날개를 펴고

한걸음 늦어도 괜찮아
그저 향방 없이
두리번거리고 싶은 날이 있지

허둥대는 마음속 검은 통증들
어깻죽지로 몰리다가
머릿속에서 뚜뚜-
잠시 울리는 신호음

그 짧은 여유가
어쩌면 깊은 휴식이 되어줄지도

외출에 속도가 붙고
서둘러 신은 신발의 무게가
그만 길을 잃는다

밤새 어둠을 끌어당겨
제안에 스며든 물기
지친 눈물처럼

서서히 적셔온다

어떤 꽃으로 다시 피어날는지
아무도 모르는 길

그 길 끝에서
소중한 정원을 만나
맨발로 그들의 풀밭을
살며시 밟고 싶다.

목마른 날

자작자작
비 내리는 날
설설 끓는 물소리
한 번쯤 들려오면 좋겠다

머릿속을 뒤적이다 보면
빽빽한 문자들에
마음이 득득 가려워지고

수정 구슬 꿰듯
교묘히 틈을 비집고 들어오는
마음 밭의 작은 블랙홀

그런 날엔 침향차를
조용히 우려 마실 일이다

도무지 찾을 수 없는 것을
기웃거리다
지치지 않도록.

문장부호 찾기
- 카이로스 시간

숱한 날들
머릿속엔 늘 물음표(?)

"왜일까"
스스로 찾은 감동의 느낌표(!)

씨줄 날줄 엮어 베를 짜다가
힘들면 쉼표(,) 위에
살짝 걸터앉아 쉬기도 해

종착역일까 두려워
마침표(.)를 힐끔
"진짜 끝이야"

제대로 가고 있는지
말하지 말라며
말없음표(…)는 맥없이 누워 있어

불쑥, 마음 흐린 날엔
작은따옴표(' ') 안으로 쏙
숨죽여 지켜봐

때론 큰따옴표(" ")가
주옥같은 지혜 한 조각 전언하고
깊은 못에 반추하지

세상살이
그리 호락호락하지는 않아
토닥토닥 다독여주는 쌍점(:)

맑은 하늘 그윽이 바라보는
여유를 줘 봐
날마다 좋은 날이지
하여 쌍반점(;)이 바짝 추켜세우더니
꿋꿋한 풀밭 되라 해

문장과 문장 사이

그 절실한 호흡지 간,
어떤 무늬로 직조되는지
현란한 의문 덩이에
세상 실체는 간데없고

기호와 세계 사이 불균형과 간극
여전히 포월 밭 풀베기
끈질긴 시간이지.

새벽 바다

새벽 별들
졸음에 겨웠는지
하나 둘 바다로 떨어졌다

눈을 비비니, 가난한 목선들이
불빛 하나씩 이마에 달고
바다를 끌어올리느라 끙끙댄다

신 새벽, 가장 청정한
숫처녀와 숫총각 같은 바다의 정결한 피
그 깊은 곳을 건지려
팽팽한 그물을 내린다

건져도 건져도 텅 빈 그물
고기는 다 어느 바다로 갔을까

베드로와 야고보처럼
이윽고 찢어질 듯
별빛 고기들이 그물에 걸렸다

꿀 같은 잠을 대신한 자리
밤새 반짝이며 살아 숨 쉬는
싱싱한 바다가
거기에 있다.

시인은

사물과 새롭게 만나는 순간
익숙한 것을 낯설게 바라보는
날 선 시선 하나

꽃이 피는 공식이 비틀려진 때의
조용한 착안
물과 중력 사이 흐르는
말 없는 상대성 고백

영글지 않은 검은 열매가
살며시 속삭여 주는 소리
우주와 생명의 틈새를 헤집어
도깨비방망이처럼
뚝딱, 마음의 문을 열어 주는 별빛 하나

꿈틀거리며 번뜩 건너오는
가슴속 무늬들
시인은 그렇게
견딜 수 없이 찾는

아르고스의 눈이다

차곡차곡 쌓아둔 항아리를 열 듯
차분한 기다림으로

좌망座忘의 사유가
스며드는 산골 연못
솔솔 이는 바람에
소나무 그림자 물결에 얹히고

물고기 무늬 씻기듯
본유本有 자리에서
그윽이 어깨를 감싸는
향긋한 솔바람이다.

오후 4시를 지나간다

대지가 빛난다
쏟아지듯 붓는다
분주히 달궈진 시간
허허롭지 못한 정돈 속에
오후 네 시는 저물어간다

겹겹이 쌓인 100도의 몸부림
꽁꽁 묶인 혼돈 걷어내고
시초를 바라본다
영원하고 투명한 것
내 안에 살아 있으니

내 노래는 손끝에서 피어나고
가장 뜨거운 순간을 부른다

해는 빛 가운데서 벌거벗고
그러나 해는 내 눈엔
보이지 않는다
되려, 적막이다

커피가 나를

진할수록 더 깊고 영롱한
코끝을 감도는
묵직한 수묵의 향기

철길 옆, 길을 잃은 회색 내음이
심장에 불쑥 뿌리를 내린다

뜻밖의 오지 마을,
그곳에서 커피콩과 겹쳐진
쓸쓸하고 독한 기억들

잃어버린 길
어린 날의 추억이
길을 돌아서야
비로소 마을에 닿는다

때론 짙은 우러난 커피 한 잔이
생의 붓끝을
아련히 당겨줄 때가 있다.

제2부

강물에 던진 열쇠

고전에서 찾다

길을 모른다는 것은
문득 고통이 되기도 하지
더욱이 갈림길에 서성이면
막막한 마음이 물이고 파동도 되기도 해

차마 도타움을 가지고
세상의 화려함을 사모하거나
스스로 속이지 않고
굳세게 살아가는 절박함이란

길에서 만나 정을 나누던
수많은 사람과 노닐던 외로움
해탈을 묻지 않고
바람처럼 나서던 그 걸음

통하면 아프지 않고 날 것처럼
꾸준히 걷고 또 걸었다네

이제 거울을 꺼내

지금의 나를 살피다
남의 글이라 여겼던 문장이
그 글이 바로 나였다네

이듬해 또 가져다 거울을 보니
그 글은 또 다른 나였고
내 얼굴은 자꾸 변하고
그 글만은 변치 않고
또한 읽으면 읽을수록
더욱더 기이하게
내 안의 나를 닮아가고 있었네

간절한 곳에

허황한 꿈을 찾아
날고 있을 파랑새야

몹시 비바람 치는 언덕에서
싸늘해진 고통 둘 데 없어
어디 쉴 곳을 찾지는 않느냐?

넘지 못할 험한 산맥 나타나
널 못살게 하지는 않디?

너는 좋고 나는 슬픈 그래
내리막 중턱에
몽실몽실 피어오르는 꽃
혹시 못 보았더냐

푸른 숲속 하늘 내려다보는 중에
네가 그토록 갖고 싶은 욕심
이 산 저 산 뒤져도 없진 않더냐

깜깜한 별하늘 아무도 모를
빛나는 심심꽃 하나
꽉 안으면 돼

꽃으로 찾아온 노래

모두 일순간 꽃이 되어
봄빛에 스미듯 흐른다

붉은 열정을 품은 채
수줍게 날아오른 봄 편지

한숨 몰아 풀어내는 가슴앓이
쏟아내는 노래

사랑하는 여인을 바라보며

그의 눈동자에서
그의 목소리에서

꽃처럼 뚝뚝
서러운 빛이 떨어진다

알아요, 다 알아서
더 아린 노래

소용돌이치는 저 애틋한 몸부림
나는 다 알아요

더 바랄 게 없는데
죽어도 여한 없는데

내 무딘 가슴을 뒤흔드는
사랑의 기쁨에 젖은 그의 목소리

깊고도 깊어
죽음을 넘어선

사랑이 빚어낸
맑디맑은 영혼의 날개.

헤엄쳐 가는 혀

맑은 물 한 동이
청결한 지느러미가 되지
한밤중 깨어 몽유하듯
어슬렁거리는 순간과 마주하지

한 마리 양으로 빛바랜 달 훔쳐
언어로 잡아채기 이전
상상은 머리 위를 쿵쿵 뛰어다니지
행과 연 사이 거미줄 걷어내
구석구석 꺼내 맛보며
문자를 말리지

훌훌 마음 하나 세워
헤엄쳐 가는 혀도
현상의 저편 투시하듯
내게 달려온 빛의 언어 한 자락
홀로그램으로 새어 나와
저 혼자 번뜩이고 있지.

강물에 던진 열쇠

문을 열어주는 사람도 없는 집은
너무 무거워 누구도 열 수 없네
날개를 접고 파닥거리다 웅크리는 나는
혼자 그 집을 지키네

어느 날 학교 앞에서 병아리 품고 온 동생
쫄망쫄망한 그 어린 옹아리들
따라다니는 게 마당이고 위로였지

차곡차곡 쟁여 놓은 항아리 속 어둠 마냥
동굴 속 미로 마냥
가두어진 굴레

나는 자물쇠이거나 열쇠
누굴 위해 발길이 묶인 걸까

날마다 집안만 동동거리다 하루가 갔지
저 문만 열 수 있다면 바람처럼 노래처럼
기웃기웃 마냥 출렁이고 싶네.

검은 산

라스베가스는
손을 엎었다 뒤집었다
환락이 날개를 달고
욕망이 지하에 숨어
기어든 육신 지탱하며
식탁에서 식사를 그려보는
바퀴벌레들이 산다
꿀을 찾아 나풀거리는 나비들
요행에 굶주려 먹잇감 헤매는 개미들
뜨는 해로 살아났다가
구름이 흔들거려
어둠이 구부러지면
신선한 맛을 꿈꾸다가
다시 깊은 수렁에서 허우적거린다
어쩔 수 없는 굴레라 믿으며
그들은 착각도 하지
느닷없이 드라이브 스루로 한 몸을 이루다가,
서로 밀쳐내는 일,
순간을 점프하려는 기상천외한

메뚜기들도 너무 많아
쉽게 현실을 피안에 버려두는 냉정한 결기
부슬부슬 비가 폐부를 찌른다
화려한 자유 뒤에 옴짝 못하는 결박이
흡사 곤충 박물관 마냥
우글거리는 라스베가스
얼룩진 환영의 그림자다.

달도 덩달아

벌겋게 번진 무늬들로 달 주위가
하루 내 타오른 열기로
스스로 삼키는지 숨죽이며
주룩주룩 덩달아 우리도 땀이
흘러야 식는 줄을
무심결 울부짖는 저 매미 소리가
번쩍 지혜로 일러 준다

그것도 한때라고,

무변의 말 없는 세월 속으로
던져진 파편 조각들이
저 검은 구름으로 뭉개져 가는 지구에
되돌아오는 메가톤급 메아리를
어찌할 바,

아릿한 눈물을 저리 훔치고 있는지.

고물상 옆 정형외과

허름한 양철 울타리 왼쪽 문짝이
찌브러진 채로 열려 으깨진 폐품들
고철 더미가 서로 등 찔린다

낡은 수레 끈 할머니가 폐지를 잔뜩
저울에 올려 봐야 고작 몇 천원
주름진 얼굴 그만큼 그늘이 엷게 진다

찌그러지고 부러진 고통
마음 까지 절단된 생들
언제나 밝은 빛 간판 재생되고 고쳐질까

어슴어슴 해 저문 가파른 언덕길로
후미진 가슴 언저리에 부는 바람
허리에 힘주며 걷는 고달픈 삶
주머니에 꼬깃꼬깃 잡히는 지폐처럼
동그랗게 점점 말리는 할머니 굽은 등이
덩달아 바짝 뒤따른
깁스한 사내 마음도 말리고 있다.

희망의 집
– 황인애 이사장님

어느 날 내게 사시나무 떨듯
흠뻑 물기 어린 눈으로
찾아온 목자님

세상 물정 저편에
화가의 꿈 순정 처녀와
시골 농부 아들 총각 교사가
기쁨 되어 온 첫아들 애지중지
돌이 되도록 고개를 가누지 못하더니
방방곡곡 헤맸지만
1급 중증 뇌 병변 장애아
산천 무너지는 이 깜깜함

가슴 아픈 사연 아랑곳 않고
굳건히 슬기롭게 대안학교 세울 결심을
남편 몰래 추진하다
살던 집을 '희망의 집'으로 결행하는 결기
아들 돌보기도 힘든 상황에
식구들은 그 옆 쪼그라진 셋집에 두고서

같이 다니던 똑같은 장애우들까지 거두니

누가 그들의 부끄러움을 도려내
감히 실행할 엄두를
눈물겨운 사투가 치러가는 중
하느님도 아시는지 점점 지평을 넓혀가는
너른 품에 담아낸 깊은 못 흐르는 눈물 속
수없이 피웠을 비련의 꽃
당찬 심장의 목자님

드디어
신축 개소식에서 당신은 성경에
'네 오른손이 하는 일을 왼손도 모르게 하라'처럼
조용히 묵묵하게 실행하는
시대의 진정한 목자시니
빛으로 가득한 이사장님!
날마다 은혜로 충만하시고
아름다운 당신 영원하소서.

도타*

몰래 도망쳤다
숨고만 싶었다
갈림길 앞에 서면
막막한 마음이 울음을 삼켰다

세상의 화려함을
사모하지는 않았지만
스스로를 속이지 않고
살아가는 건 참 쉽지 않았어

굳세게 살아내고 싶었지만
외로움을 피할 수 없었지
무작정 나서는 바람처럼
멀리, 더 멀리 벗어나고 싶었다

그러다 문득
거울 앞에 붙들렸어
몰래 도망친 내 글이
그 안에 서서 울고 있었다

그 글이 바로 나였어

글은 자꾸 변했고
얼굴도 종종 잊었건만
나는 나를 떠날 수 없었다

나를 읽고, 또 읽으며
다시 나를 발견했어
이제는 더 이상 도망치지 않는다
숨지도 않아

멀리 돌아온 내 얼굴이
거울 속에서 나를 보며
조용히 웃고 있어.

* 도타(도타나다): 몰래 도망쳐 숨어버리다

암중모색暗中摸索

돌멩이와 불꽃의 풀밭이 전체를 뒤엎는다
영감의 자유에서 비롯된 시인의 착상
이미지 범람을 포옹하는 그들의 시도
평범한 사물을 습관적 자리로 옮기고는
재봉틀과 사진 하나, 박제 테이블 위에
엉뚱한 타협, 의미가 부서지고
현실의 껍질을 벗은 본래의 얼굴
그 존재로 드러내는데
한낱 유머뿐
도구의 한계를 벗어나 다른 자장의 세계로
벽을 점령하는 담쟁이넝쿨이
은빛 파란 머리칼이 되기도 한다
사물 사이 생겨난 무의식의 시공간
중심 없는 패러디 시학,
세계로 향한 촉수가 앙가슴을 통로로
평생의 몇 움큼 눈물방울 대지를 향해 흩뿌린다
본바탕 지키며 대저 마음의 본유 어찌 잃을 수 있겠는가?
늘 미소를 머금고 화해하고 싶다.

휴화산

깊은 고요다
마지막 포효가 승화된 후 잠든 수백 년

언제 펄펄 끓을지 모르는 깊은 산 붉은 뿌리
잠잠하다 기어이 터뜨리는 폭발

드러내고 다 비워내도 산을 통째로 뱉는다
언제 힘이 빠질까,
<u>스스로</u> 어쩌지 못하는 저 카타르시스

제 몸 껴안고 잠재우는
저 뜨거운 침묵,

짙푸른 나비 한 마리 훨훨
검붉은 제 위로 날아오른다.

제3부 자작나무 숲으로 간다

지중해 연가

이슬 한 방울
심장 위에 뚝 떨어져
여운을 남기는 까닭이다

바다의 거대함에 몸 누이고
가슴 열어 반겨주던 따스한 정
태양과 눈 맞추며
사랑하는 얼굴에 비친 해맑은 미소
건물 몇 동 옮겨 온 듯 거대한 배는
호기심 천국으로 이끈다

그리스 로도스섬을 지나
무장한 성곽엔 백성의 피땀이 스쳐
섹소폰 연주하는 악사의 손 떨림 따라
꽃의 도시 아테네로 향한다

저 황량한 폐허 아크로폴리스 언덕
인간은 신들에게 무엇을 구했을까
바다를 배경 삼은 크노소스 미궁

눈부신 하늘 아래
미노아 문명 숨결이 살랑거리며
여전한 침묵 중이다

대부 영화의 시칠리아섬
서슬퍼런 부의 치열한 전쟁의
씁쓸한 뒷맛을 남기고
햇빛 쏟아진 예배당 가는 길
은빛 고양이의 낮잠과
진한 커피 한 잔이 그리운 오후

자유낙하 실험했던 피사의 사탑
마치, 뿌리 깊지 못한
우리네 모습처럼

저녁노을 물든 피렌체
듀오모 성당의 거룩함
파사드 정문의 우아한 광휘
누구인들 감동하지 않으리오

마키 꽃향기 흩날리는 바람
용감한 나폴레옹 고향 코르시카로,
현지인의 생긋한 미소가
코끝을 스친다

로마로 돌아온 발걸음
트레비 분수와 젤라또
성베드로 대성당의 피에타가
가슴 깊이 울림이 인다

밤 항구의 잎새 손짓
스친 미소, 나눈 정
우리는 사랑이라는 일체이며
지중해여,
삶을 다시 꿈꾸게 하는 기쁨이었다

삶의 충만함이 노래를 따라
환희가 출렁인다.

파도가 말해 준다

참을성 없이 달려드는 바다,
반복된 발길질만 허망하다

내가 나를 어찌할 수 없어
그저 바다에 나를 맡긴다

연잎같이 커져 버린
근심덩어리도 맡기고
꿈 조각 하나
둥실둥실 파도에 쓸려가게 놔 준다

다 버려야
다 비워야
비로소 평안이라고

한참을 멀어졌다
다시 밀려오는 파도-
그 고요한 숨결로
내게 속삭여 준다.

우주피스 공화국

슬픔과 한이 스며 있는 나라 리투아니아
매년 4월 1일, 딱 하루
강 건너 유토피아가 피어난다

우주피스 공화국
길 위의 노숙인도 가난한 예술가도
모든 이해 아우르는 날이다

간단한 입국 절차
손목에 여권 하나만 두르면 그뿐

바짝 긴장케 하는 거리에는
35개국 헌법들이 횡단하며
잠든 양심을 깨우고

'구멍 난 손'이
국기 대신 나부끼며
나라 상징인 삼위일체가 우뚝 선다

광장에선 너도나도 거품 가득 맥주 한 잔
털털하게 온몸 춤사위들이
힘없던 나라의 깊은 쓰나미를 밀어내고
다 잊고 덩실덩실

오늘 하루만큼은
사라지는 쓸쓸한 신기루일지라도
그러나 나라 존재 가치를 또 되묻는다

세상 곳곳, 인종만큼이나
다양하고 기발한 시도와 용기로
서로 향해 미소 짓고 어깨를 나란히 한다

우리는 하나, 한겨레임을
새삼 각성시켜 주는 뜻깊은 축제다.

코르푸섬의 낭만

벼랑 끝에서
내 인생의 석양도 저렇게
뜨겁고 아름다웠으면

해안도로 따라 절벽 위에
세워진 믿음 희망을 낳고

욕심 없이 뛰어들어
마음껏 유영하는 소크라키 마을엔
초록 물결 넘실대는 파도 소리로 가득

태양의 나무 올리브는
그 향으로 노래하고
기름진 햇살로 진동한다

커피 없이 못 사는
서로 커피가 되겠다는 그들
당신도 나도 서로 먹여 주며 난리다

낭만 천국, 이 뜨거운 풍경은
순간 영원으로 흐른다

바다를 다 삼킬 듯
웃음소리 가득 찬
온몸으로 적셔 오는 조르바 후예들

인생의 신비를 아는 이 시간이 없고,
시간이 있는 이 낭만이 없다

숫자와 거울 속에 갇혀
자유롭지 못한 나
영혼을 놋쇠처럼 단단하게 만들어야 했나

아, 사람의 정은
지중해 바다에서 어디에서든
소리 없이, 그러나 깊이 스며
달려오고 있다.

나폴리 노래

미소 한 아름, 그대여
나폴리 항구에서
마음껏 흘러 흘러
푸른 꿈, 지중해 바다로 가자

온몸으로 살아내고
온 마음으로 증언하자
우리는 이 세상과 결혼해
하루의 나른한 행복을
한껏 펼치는 그날까지

뜨거운 돌맛 같은 삶
바다의 숨결과
미풍은 서늘하며
하늘은 끝없이 푸르다

땅 위에 머무는
데메테르의 신이여
땅과 바다가, 입술과 입술이

열망하던 포옹을 이루게 하소서

주저함 없이
사랑할 권리를 주고
세계 속에서 피어나는 사랑이
화합으로 이어지게 하소서

침묵 속에 깃든
위대한 하나 됨을
우리 모두 가슴에 품게 하소서

피게레스

달리가 사랑했던 카다케스,
이제는 세계인들의 발길이 머문다

사소한 순간, 순박한 마음으로 끌어안던
심미안의 운둔 천재
그가 걸었을 골목마다 숨결이 배어 있고
오렌지 나무에 매달린 빵과 초콜릿이 유혹한다

그가 즐겨찾던 빵집
7대에 걸친 손끝의 풍미는
여전히, 문전성시이다

기념박물관 지붕에 우뚝 선 달걀 하나
그의 시그니처처럼 시선을 붙잡는다

벨라스케스 감성 콧수염
그 유명한 '기억의 지속'* 안으로
억눌린 욕망이 해안선 따라
절벽을 타고 흘러내린다

"갈라, 너를 여왕으로 삼겠어"
한 무덤에 나란한 사랑
직진밖에 모르던 살바도르 달리,
강렬하고 오롯한 순정에
지금도 사랑하지 않을 수 없다

그의 외침은 여전히 떨림이 되어
혼의 예술 승화되는 바닷가!

* 기억의 지속 : 살바도르 달리 작품

오르페오와 에우리디체
- 글룩Gluck 오페라

꿈결처럼 스미는 천사들의 속삭임
요정들 따라 지하계 낙원의 영혼들
엘리시움의 정원을 거닐고

어둠의 마차를 몰아가는
음악의 마법사 오르페우스
그의 상실과 눈물은 맑은 바다를 이루며
에우리디체와 이별은
애끓는 선율로 3막을 적신다

극적으로 치달아 부르는
가슴 시린 아리아
불쌍히 여기소서
나의 창백한 얼굴
너 없는 세상 짙은 한숨에 잠기고
불타오르는 심장의 붉은 상처,
아, 찢긴 고통을 나눌 수 있다면
이제 거두리니 집착을

빛나는 거문고 별자리 아래
영원을 입 맞추며
포옹하는 두 영혼
붉다 못해 검푸르게 물들어 간다.

날개되어, 찾아온
- 도니제티 「사랑의 묘약」 중 '남몰래 흐르는 눈물'

모두
일순간 꽃이 된다
봄꽃이 흐른다

붉게 번지는 것
사람들은 열정이라 부르고
그대는 사랑이라 불렀지

수줍게 날아오른 봄 편지
띄운 게 아니었어
그건 한숨 몰아 풀어내는
가슴 저린 고백이었지

처연한 바람을 모아
다시 흩뿌려지는 그 노래

'남몰래 흐르는 눈물'
그의 눈에서, 목소리에서

나는
뚝뚝, 떨어진다

무엇을 더 바랄까
그가 나를 사랑한다는데

나는 알아
소용돌이치며 맺히는
애틋한 그 몸부림을
나는 알아
이제 더 이상 바랄 게 없이

맺혀 흐르는
율律과 여呂가
서로 만나 울리는 동굴 속 정동丁東 소리

참으로 눈부시다.

무스탕

척박한 마을,
계곡 사이사이 숨어
빙하 녹은 흙탕물만 뒹구는 땅

궁극의 지혜로 겨우 버티는 삶
대를 잇는 가난한 화폭들
과연, 생명은 피어날까
살아내는 꿈은 가능할까

절실한 침묵만
얼룩진 화음처럼 스며들어
먼 수로를 터
겨우 보리밭 하나 일구는 날들

묻지도 않는다

부귀도 영화도 비껴간 마을,
험한 형상의 신들만이
그들을 지킬 뿐,

욕망조차 없이
밥 한 끼면 족하다는
시린 미소, 아련하다

하지만 요즘을 보라
풍요 속에도 아우성치는 결핍,
초록 물결 흔들리는 돌산 귀퉁이에서
그들은 여전히 살아간다

청소도, 논문도, 그림도, 밥도
AI가 대신하는 세상
잃어버린
우리의 초록 무스탕은
도대체 어디에 있는가.

시간 변주곡

어둠이 가만가만
살포시 바다 위에
고요히 한 곳을 바라볼 때
나눌 수 있는 그 어스름의 숨결

어둑어둑 휘어진 모래톱을 따라
시간을 어루만지는 은은한 야상곡이
수평선에 머문다

몸과 마음을 천천히
F장조에서 E플랫 장조로
깊은숨 고르며
견딜 수 있을 만큼
불쑥 찾아드는
세상 끝자락 바람이
내 삶의 가장자리를
간섭하는 시간

저 수평선에 걸린

크고 작은 갈등들 하나하나
섬세하고 승화된 화음으로
함께 녹아드는 하모니 연주
어느덧
드넓은 바다 교향곡이 되어
내 마음 한켠,
고요히 아늑해진다.

자작나무 숲으로 간다

흔들려도
쉽게 흔들리지 않는다
혼자서도 묵묵히 견디는
그 눈을 지닌 나무만이 안다

햇빛을 부르고
바람을 불러들여
제 살과 피를 가지마다
조용히 불어 넣을 수 있다면
숲과 하나 될 수 있다면

견뎌본 자만이 아는
길 잃어서 오는 터널
그 어둠 끝에서
부싯돌로 마음의 불씨를 켜고
너의 따뜻함 속으로 들어선다

웅크려 있던 시간이
미로의 끝을 깨닫는 순간

비로소 환해지는 길

초승달이
우듬지에 살포시 걸릴 때
침묵은 무심으로
너를 보듬을 때
나는 자작나무 숲으로 간다.

어쩔 수 없다

돌아설 길 없는
단 하나의 신념으로
러시아 먼 변방
사선 너머 오지에서
읽을 책 한 권
먹을 수 있는 빵 한 조각
시베리아 황량한 벌판 위에
또 하나의 꿈을 그려놓은 이여

스스로 새긴 간절한
혁명의 빛과 그림자
무엇으로 이를 헤아릴 수 있을까
다만 그는
자기 자신으로 살았을 뿐인데

해탈의 향 꼿꼿한 그 자리에
여우 목을 휘감은 서늘한 바람
가냘픈 곡소리 스며들던
생사조차 흐릿한 어느 시대

사그라진 분별이 틈 없이 스며
하늘하늘 꽃잎 따라 흘러가고
끝내 텅 빈 사자후獅子吼 토해내듯
모든 소란을 잠재운 암흑 속
끝내 산화한 나발리

나라는 고전

갈림길에 서성이면
막막한 마음이 파동이 되기도 해
도타움을 가지고
세상의 화려함을 사모하지는 않았지만
스스로 속이지 않았지
굳세게 살아가는 마음이었으면 해
해탈을 묻지 않고 무작정 나서는 바람처럼
걷고 또 걸었어
어디로 가야 할까
거울 앞에 서서 나를 읽지
나는 오래된 고전
해가 지나도 나는 나였어
내 얼굴은 자꾸 변하고 그 까닭을 잊었건만
나는 변하지 않았어
걷는 일만이 나한테 주어진 길
산으로 돌을 굴리는 시지프스 왕처럼
걷는 일만이 길
그 사람이 나
나라는 고전.

뒤집는 뿌리

잘 정돈된 배아를 땅으로 돌려
땅 밑 수액을 빨아들이는
뿌리의 템포를 알맞게
어디든지 스며들기를 원하는
수액의 속삭임
내성적인 껍질을 벗기며 듣는다

달팽이처럼 가장 밑바닥 구석에
자리 잡은 그리움,
내 안의 뿌리를 내리고
올라오는 언어들 사이
입 벌린 꽃봉오리처럼
나를 뚫고 나오는 시어들이
연금술처럼 밑바닥 올라온 수액으로
새롭게 나를 낳아
정화되는 만능의 용해제처럼
자작나무 투박한 껍질을 뚫고
한 줄의 시가 흘러 내린다.

제4부

나의 시론

고요한 침묵
- 꽃의 시간

속삭임이 때론 조용하지 않다
가슴을 열어 다가서기 전
이미 하소연이다

비바람을 이겨 낸 빛나는 터에
뼛속 시린 서러운 자태가
깊은 우물 속 두레박 퍼 올리듯
그득한 온기가 한 사발

누가 알까

잠깐 피워낸 서늘한 향기를
떨어지는 눈 맞춤의 슬픔을
조용히 다시 비워두어
이 계절, 또다시 살아내고 있다.

5월

푸릇푸릇하던 설레임이
봄 사슬에서 슬그머니 빠져나와
빈 껍데기들만 움켜쥐고 앓고 있다

어느새 짙다 못해 시퍼런 초록이
노래하는 향연 속에 빠져
멍울멍울 멍울진 가슴으로 다가오더니

이 땅에 짓눌린 쓰라린 기억
톡 깨물면 피가 솟듯 통증 되어
소스라치게 하던 놀람
이젠 한풀 꺾인 시름으로
저만치에 놔두라고

이래저래 끝자락의 5월은
다시 돌아와서
또 슬프고 서럽다던
그들을 안아 그들을 마신다.

그늘 하나 들이고 싶다

처마 밑 아래로
촘촘히 매달린 옥수수 그늘

내 마음에도
알이 꽉 차 흔들리지 않는
그늘 하나 들이고 싶다

속을 여물도록
알알이 뜨거웠던 빛
몽땅 둥지에 걸어 놓으면

시절을 쫓아 열매 거두는 일이
생의 든든한 몫인 줄을
내 알겠다

서로 비좁게 껴안을수록
어느 것 하나 넉넉해 보지 못한
숭숭 뚫린 노인의 잇몸 같은 삶

쫀쫀한 옥수수 찰진 이빨을 보며
서늘하게 돌아볼 일들이 많은
성글고 헐렁한 길 하나

시리고 따뜻한 그늘이다
그 그늘에 보면
가야 할 길이
더 확연히 보인다.

그래도 행복하다

식탁에 오르는 구수한 밥 한 그릇
땅보다 하늘이다
여든여덟 번의 농부 정성
밥심으로 살아온 우리 민족의 진심
이제 모두 옛말이 되어버린 서늘한 현실

생일이면 흰 쌀밥에 미역국
산모도 같이 먹었던 따뜻한 전통
죽어서도 먹는다는 해 저승길에
굶지 말라고 입에 쌀 한 술 넣어주고
사잣밥도 수북이 담아 망자를 부탁하곤

정한수에 쌀 한 그릇
집 떠난 자식 빌어주던 지극정성 어머니
어릴 때 배탈 나면
불린 쌀로 뭉근히 쑤어낸 죽
언제 그랬냐는 듯 화색이 돌고
기회만 되면 배가 터지도록 먹고서
닐리리야, 흥얼거리던 날들

그 쌀, 쌀밥이 달라져
애물단지, 푸대접받고
밥알을 세면서 먹는 시대

그래도,
땡볕에 단단히 다잡은 농부만은
다정한 눈길과 손길로
끈끈한 사랑 하나로
들녘에 널린 순정이 한 다발씩
누릇누릇 짙어져 간다.

금요시장

아파트 곁에 들어서는
알록달록 금요시장
봄 내음이 여기저기
싱긋하게 수런수런
겨울을 견디어낸
푸릇푸릇 기지개 켜네

오고 가는 정감으로
흥정하는 실랑이도
티격태격 손사래
알콩달콩 풋풋하고 사는 맛이
한바탕 어우러지는
세상살이 어우르는 풍악을

길가 맨 끝자리
구부정한 焦勞 할머니
손톱 끝에 더덕더덕
검은 그림자 한 웅큼
주름진 쓸쓸한 미소

허공에 하늘하늘

"이른 봄 부추는
몸에 좋은 약이여"
내가 캐고 다듬은
푸른들 좀 사주소
갈망하는 애처론 눈빛
내 마음들을 살랑인다

어느새 무릎 꺾인 손
검은 봉지 주렁주렁
식탁 위엔 하얀 조각달
상큼한 초록별 초대해
온 가족 둘러앉아
오순도순 함박꽃 폈다.

나의 도영아

첫 울음을 터트린 날부터
나는 이유도 모른 채 살다 보니
오늘이 진리이고 사랑이다
벌떡 일어나 도영아 부르는 지금
나, 순간 사라지고 없다

내가 나를 부를 때만 존재하는
그때부터 머리에서, 가슴에서, 팔에서
아침에도 한밤을 깨우는 소리가 나고
괴로움, 슬픔에 울고 웃다가
그 소리를 잠재우려
글을 쓰기 시작했어

나는 시인이 되어보려 했지만
내 안의 소리는
독자는 들리지 않는다

이 대목이 중요하다
떨어져 나온 파편들의 쓸쓸함

사는 것도 답답하던 터에
글도 이 모양이면 숨이 턱 막힌다

비슷한 것들이 날마다 반복이고
끝없는 이게 윤회라며
의미들을 추구할 때
나는 태어났으며
거기에 대해 할 말도 없다

김씨 성을 가졌고
노래하고 싶었지만 못하고 살다 보니
자식 낳아 내 못다 한 소원
대신한 삶도 보고 싶어 했다

심장도 아프고 안개 속도 헤맸으며
지금도 여한이 지속된다
인생에 무슨 완성이 있겠는가
언제나 미완성이니 빗발 속에서
봄이 오다 가고 삶도 흐른다

살다 보니 알게 모르게
아프게 한 미망들

  죄무자성종심기罪無自性從心起
  죄의 자성 본래 없어
  심약멸시죄역망心若滅詩罪亦亡
  마음 따라 일어나니
  죄망심멸양구공罪亡心滅兩俱空
  마음이 사라지면
  시즉명위진참회是卽名爲眞懺悔
  죄도 함께 사라지네

끊임없이 너를 보며 애쓰며 살고 있다
홀로 와서 빈 공空으로 가는
진지한 너를 위해 등불을 밝히는
나의 도영아.

* 천수경 중에서

꽃이 위로하다

설움 한 바가지 퍼내고
그 자리에 수선화를 심는다

흠집투성이 말의 상처 열고
조용히 꽃 한 송이 놓는다

차디찬 마음 끝에 감기는
따스한 온기의 꽃

피다 질지라도 기다리는 설렘은
간절한 영원이 되어
더 깊고, 더 그윽하다

비우고 채우고
기대는 골목마다

살며시 위로를 주는
그런 꽃이고 싶다.

나의 시론

시는
끝없이 추락하는
나락을 입지 못한 바다다

시는
비틀린 공식 속
피어나는 꽃의 착안이다

시는
양분 없이
4차원의 방정식으로 자라는 줄기다

시는
잃어버린 자리에
슬며시 뿌려지는 비료이며

시는
땅의 온도를 높여
닫힌 문을 여는 별이다

태초에 시는
나이 없이 존재한
소리들의 절규였다

등대처럼
– 만대 학원 신흥수 이사장님, 임춘자 사모님

광덕인을 배출해 내는
요람의 산실 만대학원
깜깜한 밤에 길을 밝혀
등대 되어 나투신
이사장님 내외분
독립운동가 후손입니다

인재 양성에 힘쓰신 열정
사심없는 손길로
손수 학교 건물도 건립하고
한국로타리 총재단 의장까지
예사롭지 않은 눈매와
이마가 훤칠한 미남은
한없는 사랑 실천하는 헌신가 십니다

선견의 리더를
아름다운 미소로 조용히 내조하는
두 분의 조화로움은
우리가 갖춰야 할 덕목입니다

최선의 교육, 실천해 가는
제 남편, 따스하신 손길로 이끄시니
찬란한 빛을 안겨 주시는 감동으로
하늘도 무심치 않다는 걸 보여 주십니다

온 삶을 약자들 위한 일념으로 돌보시며
세상을 꿰뚫듯 앞서가는 심안을 가지신 이사장님
고요히 미소의 동반자로 함께하시는
사모님의 따뜻한 손길은
그야말로 어둠을 밝히는 등대
저희들 내내 살펴 주십니다

부디
만대 학원의 이상과 신념 영원히 빛나소서
건강과 행복으로 내내 만수무강하소서

당신들의 뜻과 사랑,
영원히 이어지기를 소망하며
존경의 마음을 이 시에 담아 드립니다.

손의 내력

세상과 맞닿은 가장 낮은 자리
주목받지 못한 채
늘 세상과 포개어 살아온 손

생각의 언덕을 내려와
열 개의 손가락으로 흘러든 삶
부지런하고 온유하며
겸손할 수 있다면

손끝의 반짝이는 눈들이
너의 시선 속에 깃든 사이
너무도 소중한 너를 잊고
존재의 성찰도 미루었지

피아노에 살림에
피할 수 없는 손주들의 웃음까지
바쁘게 흐르다 내려앉은 손
피로는 삐걱이는 마디마다 스민다

앎과 삶 사이
조용히 살아간다는 것이
참 어려운 일이라며

신경은 똑깍똑깍
붓고 달아오르기를 반복하다
아픈 마디 깊숙이
주삿바늘 하나로 꿰매며
고통을 고통으로 다스리는 법을 배운다

밤, 손가락을 씻고 자리에 누워
첫잠서 깨어난 순간
나도 몰래 어루만져 본다

내일을 묻지 않는 너
나는 어느새 땅끝에 서 있다.

싱어게인

하모니에 몰입할수록
너와 나는 동체다

가슴을 얼싸안는 여운의 가락도
화려한 무대 위에서만 가능하다

중력을 버릴수록
감동은 관중을 강타하고
수많은 피와 땀의 흔적
또 한 번 열리는 가느다란 문
날개를 쫙 튼 비상의 꿈들이 꿈틀댄다

늘 허기를 안고 살던 젊은 날
나도 그 무대에 서고 싶었다
아련한 한편의 행복한 시처럼

저 황홀한 전율
작은 돌 하나 무대 위로
환호성처럼 툭, 떨어진다.

봄 헤어숍

겨울 등허리
시리게 핥고 가는 바람

얼음 아래
손은
얼음 손

봄비에 기지개 켜는
대지의
용트림

연푸른 싹들이
등허리 간질이며
올라오면

산은
백발을
청색으로
염색한다.

제5부

내 눈빛의 온도

달이 기울면

적막을 찢는 눈빛 하나
하현달로 떠오른다

화병처럼 조각난
늘 손 매듭매듭 제 살을
피나게 물어뜯던 아들이
오늘따라 시리도록 그립다

살점 뚝 떼어주어도
아픔을 느끼지 못하던
그 무감한 심장 같은 아들
여태껏 대문을 잠그지 못한다

의사의 길 목전에 둔 그날따라
한껏 멋을 내고
여자친구 약속도 완강하게 뿌리친 채
처음 나선 가족 나들이

그만 그 깜깜한 강물이

아
버
지
는
언제 가장 화려했어요?

낡은 외투 윗주머니엔
닳아진 성적표 한 장
당신 부적인 양 애지중지
눈에 담고 또 담는 시간들

알아서 떠나는 것을
내 손으로 풀어 놓지 못하고
맥없이 풀어놓던 날

가슴에 돌을 얹고
여기저기 걷다 만 걸음을
끝내 놓아버린
아버지

내 눈빛의 온도는

고갱의 그림이
내 어깨를 툭 치고 지나간다

부러진 시간은
손톱에 긁힌 마음처럼 아프고
슬그머니 달아난 화가를
조용히 찾아 나선다

내 눈빛의 온도는
눈을 뜨고 있어도
보고 싶은 것만 본다

질서를 버린 패턴은
원색의 물결로 허우적거리고
관능으로 채색된 자연과 인간과의 만남이
이곳, 그림 속에 고요히 스며 있다

누군가의 아픔을
살며시 쓰다듬어 줄 수 있다면

지친 겨드랑이에도 날개가 돋고

어떤 흔적이라도 붙잡을 수 있다면
자꾸만 내 뒤를 돌아다 본다

간절한 마음일수록
그림은 묵직한 힘이고
세계를 울리는 명작이다.

- 폴 고갱〈우리는 어디서 왔는가? 우리는 누구인가? 우리는 어디로 가는가?〉보고

청자빛 눈에 어리는 별

그리운 것들이
차례로 쓰러지는 카페에
하나둘씩 눈물 한소끔
또르르 우려내는
고요하고 영롱한 만남
출렁이는 잔물결

깜깜한 심장에 박힌 광기
이미 사라진 영혼
자신보다 더 깊은 열정으로
우주를 사랑한 겨울밤
뼈 시린 환희를
손끝에 아련히 걸어두고

강렬한 눈빛으로
서로를 애타게 다독이듯
저 고뇌로 가득 찬 별들

한 아름 꺼내주면
세상 속 어두운 온기도
그만큼 더 환해지겠지.

* 반 고흐 〈밤의 카페테라스〉 보고

손끝에 파도가 인다

얼굴 위로 걸어 다니는 힘겨운 표정
질기고 오랜 주름으로 겹쳐 있다
평생 무쇠 다리미에 눌려
뭉툭한 손끝엔
시린 파도가 인다

굶주린 구름 들이 바라보는 내일,
밑바닥 깔린 어둠조차 지친 아우성이
빛에 갇혀 화가의 손끝에서
바쁘게 흔들린다

늘 바늘이 그리던 어머니 손끝
움직일 때마다 저고리 바지가 어우러져
한 폭의 두루마기 춤사위 풍경

그 속에 실눈 되어 앉아 있었던 나
흰빛으로 빠져나가는 영혼 한줄기
숨, 들고 나는 사이

삶의 한 모퉁이 모퉁이마다
바늘로 그린 그림으로 우렁우렁했다.

* 에드가 드가 〈세탁소 여직공들〉 작품을 보고

메멘토 모리
- 무안국제공항 여객기 참사 추모니

상처가 드리운 그늘일까
울고 나니
맑아지다, 더 깊어지는 눈

사람들은 또다시
스멀스멀 올라오는 이 아픔에
이리 오렴, 아픔아
가슴 따스하게 안아보자

결코,
상처의 무게가
그 어깨까지 번지지 않기를
찬찬히 다가가
안아 봐도 될까요?

사라져 가는 악몽
기억 속에서 싸우다
결국 피할 수 없는
운명에 이르렀습니다

떠나보내는 곡진함
저 상처를 기억하라
메멘토 모리(memento mori)!

바람의 길

휘어진 초승달에 걸터앉는다
발아래 산줄기 울퉁불퉁
고르지 않는 곳
그곳 깊숙이 발바닥이 닿는다

마음의 골목 어지러울 때
햇빛에 잘 구워진
구부렁 길을 따라가는
구절양장의 생
모두 찰나의 점이었다

푸석거리는 길 위에 나뒹구는
쪼그라든 꽃들
시들기 전 내게 온
꽃 한 아름

늙어가는 길목에
초록의 바람이 부는데

이미 수천 번 떠돌다 간
바람의 길들이
또 다른 방랑의 춤사위로
출렁인다.

붉은 질문

의문의 꼬리 길어질수록
질문은 샘처럼 솟는다

질퍽거리는 제 몸의 수렁을 들여다보다
문득, 마음이 놀라는 소리

뒷목 근처에 돋아나는 발진은
까닭 없이 퍼져만 가니

약도, 연고도 무색하다
빨개진 질문 앞에서
의사도 맥을 못 짚고

여전히 지칠 줄 모르고
기세등등한 너,
애쓰는 인간의 편에
끝내 살아있다는 작은 신호

나의 자유는

상처 그 자체에 있으니
그 아픔조차
가장 향기롭고 익숙한 내 집인 것을

어쩔 도리 없어 어울려 함께
어우렁더우렁 그냥 견디며 살아야지.

시간의 어깨

푸석한 그림자가
힘겹게 걸어 다닌다

무거운 침식을 걷어 낸 햇살이
떨림도 없이
흔적도 없이

수많은 눈길이 스쳐 가는 곳
그 속에서 휘어진 시간의 무게가
스스로 묻혀
움직이지 못하는 그늘

늘 물음표로 살았던 어둠까지
희미할수록
깨어날 때 뚜렷이 더 잘 보이는 것

쉼 없이 흐르는 강 자락 끝
그 위에 놓인 돌다리를 딛고서야

아하, 비로소 깨닫는다
평형을 놓치지 않는
이치의 한순간!

얼

성균관 문묘
동서 배향,
거기 정중앙 대성전

덕 높은 지혜
깊은 품격으로
자리를 지킨 동방 18현*

유생이 품은 사서오경
시퍼런 길 위로
도도히 흐르는 그 결기.

* 동방 18현(東方 十八賢) : 신라·고려·조선 시대를 거치면서 나라의 최고 정신적 지주에 올라 문묘에 종사(從祀)된 18명의 한국의 유학자들을 말한다. 동국 18현(東國 十八賢)이라고도 한다.

붉은 안부다

명절이면 빨간 정의 징표
어김없이 정갈하게 온다

듬뿍 정기를 담은 태양이
흩뿌리는 달음질을 지나
비바람 맞아가며 단단해진 사과꽃
그 열매가 달콤한 향기로 출렁이면

탐스럽게 꼭지에서 북반구를 지나
남반구까지 돌고 돌아
마침내 찾아오는 시큼한 과육의 너

한입 베어 물면 옹골진 단내가 물씬
애틋한 정 말갛게 살아나는
진한 후배의 미소가
붉다 못해, 새하얗다.

욕망의 속도

필수 코스 한 잔의 커피
그마저도 카피가 되어 갈까

혀끝을 찌르듯 향기
언어 자루에 쏟더니

사과는 모서리를 돌다
유리창처럼 깨지고

방탄 소년단이 쏘아 올린
사막의 바다는
꿈틀거리며 꿈을 꾸더니
'방탄조끼를 입은 사과' 툭

욕망으로 흘러가는 속도조차
이젠 능력이라 불린다

모든 것을 구매하는 손이
달려오는 시계추를 당기고

응집된 콘텐츠가
잠시 숨을 고를 때

몽상의 최대치는 억압되지 않는다

감각적으로 연마된 내면은
연민을 원치 않아

찰나,
거울을 응시하는 자로 남을 뿐

하루가 표류할 때
그저 바다로
또 바다로 흘러가다가

가끔
멈추기도 한다.

표류자의 노래

굶주림에 헐떡이는 이 몸
어디로 흘러갈까

암흑 속을 더듬는 발가락
발바닥만 뜨겁고
온전한 것들은 모두 눈을 감았네

무작정 뿜어 오르는 태양 아래
춤출 수 없는 강과 대지와 숲은
저마다 슬픈 노래로 서 있구나

미증유의 빛으로 잠깐 빛났다
스러지는 별들
시나브로 바다로 지는 조각달

그 망실望失의 처연함
도대체 어디에 기댈 수 있을까.

헤엄쳐 가는 몽유

맑은 물 한 동이, 달빛은 지느러미
아~ 어디로 흘러갈지 몰라 어슬렁거리는
날카로운 이빨을 드러내지만 허기는 몽유
푸른 안갯속 젖은 달빛 물장구에 쿵쿵거리지
달빛의 행과 연을 잡고 싶어, 심장의 구석구석을
발라먹고 싶은 언어는 몽유, 마음 세워도 훌훌
날아가는 바람을 긴 혀로 상상을 빨아먹었지
저 너머 몽유는 홀로그램처럼 잡히지 않고
달빛은 헤엄쳐 가지 한세상 돌아도 맑은
물 한 동이 속 달빛은 끝내 벗어나지
못하지, 몽유 속의 스치듯 번뜩이는
시어의 아스라한 그림자 손을 타고
흐르며 새어 나가는 새벽의 虛.

제6부

바늘이 웃는다

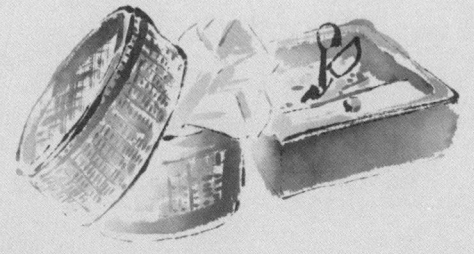

하루가 곧 한 생애(一日 一生)

바늘 끝 한 방울 물이
바다로 툭 떨어지듯

세월은 쾌속 비행
그림자조차 말없이 스며든다

눈물은 흐르고
흐르는 땀은 막지 못한 채

그저 꿀꺽꿀꺽
삼켜온 하루하루

그 깊이를
어찌 다 헤아릴 수 있을까

아리아리 아라리오
영원의 가락 따라

흘러가자, 낮은 곳으로

스스로 비워

스스로 맑아지는
그 골짜기까지.

날개가 없으니

언제 어디서나 묻고, 바라보며
조용히 사물의 마음을 읽던 소년은

왜 저럴까
이건 또 왜 이럴까
늘 마음속에 질문을 품었지

날개가 있으면 다리는 둘
다리가 넷이면 날개가 없으니

고작 30㎝를 날던 새가
1m를 날기까지
수많은 연습
날카로운 고통이 따랐지

그러나 2m를 날던 새가
100m 하늘을 나는 것은
화려한 찰나
기쁨이 폭죽처럼 터지는 축제

한번 날갯짓을 터득하고 나면
하늘을 나는 것
더 이상 두렵지 않다

남이 보는 시선에 갇히지 않고
남이 걷는 길을 따르지 않았던 소년은

늘 새롭게
자신을 조용히 들여다본다

내 안의 장롱에서

잘 정돈된 배아를 꺼내
땅으로 돌려보낸다

땅속 수액을 빨아들이는
뿌리의 템포가
어디든 스며들기를 원한다

내성적인 껍질을 벗기며
들리는 그들의 말

달팽이처럼 가장 밑바닥 구석에
자리 잡은 수액 같은 그리움
내 안에 뿌리를 내리고
서서히 올라오는 언어들이
입을 벌린 꽃봉오리처럼
나를 간질인다

상상의 각성제를 마시는 밤
깊숙한 장롱 밑바닥에서

올라온 수액은 시가 될까
장갑을 뒤집듯 고정관념을 뒤집어
새로운 시어로 나를 낳을까

한 줄의 시가 황홀히 흘러내린다

바늘이 웃는다

바늘이 그림을 그린다.
어머니의 손길로
움직이는 바늘
색동저고리 입고 춤을 추듯
휘익 돌면 사뿐한 치마
감기듯 두둥실
한 땀 한 땀 이음새 두루마기

강물처럼 출렁인다
앙가슴 달궈진 바늘로
가파른 들판의 풀 같은
메마른 시집살이
살아내는 순례의 길
그 속에 꿈을 접고
길 떠난 둘째 아들
뜨거운 바늘 길에 보이지 않는다

멍든 가슴 부여잡고
누비듯 펼쳐가는 바늘

한 귀퉁이 접힌 구석에서
문 쪽 길 쳐다보다가
들고나는 바람 한 점
놓칠세라 꽉 잡아 둔
애절한 사랑

천천히 가두어 둔 바늘이
정성 어린 손길로
피어난 꽃 한 송이듯
환하게 웃는다.

시니컬하다

기어이 온다
오지 말라 해도

언제나 답 속엔
오답 하나쯤 숨어 있는데

그래도 편리하다고?
편안하다고? 웃기시네

주인공이라 착각하는
놀부 근성은
손끝에서 피어나고 부서지고

그 끝에 중독된 수많은 흥부들
할 수 없다고?
천만에, 말도 안 되는 소리

나의 분신일까
너의 분신일까

저마다의 방식으로 살아가니
어떠한 것도 답이라 할 수 없지

우리 안엔
늘 아바타가 살아 있어.

오늘

치명적일수록
돌은 더 곱고 매끄럽다

흩어진 어둠 속
바구니 속에 조용히 담긴 돌

눈물은 가슴을 스치고
허공엔 구름 조각
꽃처럼 사라진다

버려두다 기다리다
지쳐 지워 낸 몸

그늘로 등을 돌릴 때쯤
몽실몽실 피어나는
돌 하나를 꺼내 품는다

오늘,
가슴을 데우는

온기 한 점

진정 내일은
다른 날이 될까

시간이 자정을 향해 흐르고
한순간
돌은 꽃을 피운다.

우렁우렁 살아나는 날

거미줄에 걸린 단풍잎이
가만히 몸을 떨고
하염없이 굴러가는 은행잎은
멈출 줄을 모른다

한때는 싱싱한 초록이었다며
이따금 뒤척이는 바람
시간의 손길에 이끌려
조용히 자신을 비우고

나무들 사이로
다시 푸른빛이 스며들 때

더 밝아지는 숲
우렁우렁 살아나는 날

그날엔 너도 다시
돌아오렴.

파도 꽃으로 출렁인다

그늘 한 자락에
지친 그림자 출렁인다
잠시 숨 고르다 멈춰 선 길
하루 내 걸어 온 햇살이
짧아진 그림자를 지운다

성난 모래를 밟고
온몸을 바다 쪽으로 미는
욜랑욜랑 파도 꽃들

봄은 가을의 어제가 궁금해 파도가 되고
가을은 내일의 봄이 거품일까
밀물이 된다

견우와 직녀는
별이 되었다 달이 되었다
파도 꽃으로 출렁인다.

* 가곡으로 작곡

차마 울지 못한다

팔짱 낀 겨울바람
가지 끝을 살며시
흔들어 깨운다

황톳길 드러난
삭은 뿌리 하나
패여진 생의 자리에
묵은 숨결이 스민다

저 뻗어가는
수많은 에움길 이어 가다
뒤섞인 아득한 아쉬움과
어지럼 사이
살며 맺힌 너와 나의 앙금

긁힌 속살 가만히 품으면
저절로 아물까
흔들리는 곁가지들
버릴 수 없어 안으로 삭인다

나이가 들면
그저 조용히 바라보는 일
내비두면 아지랑이처럼
사라지는 것들이 있다.

한밤중에 쿵쿵거리다

한밤중에 깨어
달빛을 잡아채려는데

잡고 또 잡아도
맑은 물만 주르르

참방대는 손을 따라
달빛은 물 위를 쿵쿵 뛰어다니고

답답한 행과 연 사이에
마음 한 줄 걷어내니

달빛도 고요해져
물동이에 가득 찬다

시어 한 자락 흘려보내듯
맑은 물 한 동이 흘려보내니

달빛도 물을 따라 가뭇없다

나는 무엇을 잡으려 했던가

하늘을 올려보니
둥근 시어가
큼지막하게 걸려 있다.

행복의 배아胚芽

숨겨진 장롱 속처럼
잎과 꽃과 열매를 품은 순들은
얼마나 정돈되어 가는지
어린싹이 수액을 끌어당기는
빠른 역동은
얼마나 벅찬 기쁨인지

어디든 스며들기 바라는 마음
껍질 안으로 향하는 삶
달팽이처럼 낮은 자리 잡아
조용히 꿈꾸는 존재
보호받는다고 느낄 때
깨닫는다

입 벌린 대지는 가느다란 이빨 사이로
양분을 받아들이고
연금술처럼 장갑을 뒤집듯
질의 내부를 씻어내는 정화

나무의 박한 껍질을 뚫고
맑게 흘러내리는 단물처럼
사심 없이 온전한 내어줄 수 있을 때
그 뒤집힘이 황홀하다.

풋콩 같은 시간

한 잔의 차 속에
고즈넉이 시간이 고여 있다

애초엔 소용돌이였던 것
구부러진 생각 틈새로
기어가던 뿌리들이
달팽이 걸음 닮은 오후를 만든다

찰나의 오만조차 꿈꿀 수 없었던
작고 오글오글한 생들
어쩌면 저리 얌전히
앉아 있을 수 있을까

뒷모습이 더 아름다운
저 황홀한 노을에
어미의 젖줄처럼
차 한 잔 조용히 건네주면서

달밤
- 손자, 손녀에게

어서 오렴 아가야
사랑스런 아가들아

내 품에
포근히 안겨 보렴

창가에 걸린
달님도 웃고 있구나

이 밤은 너희의 세상
무서울 것 하나 없는
별들도 속삭이는 밤이란다

달빛 이불 덮고 자렴
너희들 세상이란다.

축시

벚꽃

김강민

봄이 오면 피는 벚꽃
벚꽃이 피면 벌들이 날아와
우글우글
한 차례씩 꿀을 빤다
벚꽃이 피면 꽃길에
커플도 우글우글
가족들도 우글우글
벚꽃은 인기가 많아
참으로 부럽다!
할머니도 벚꽃처럼 예쁘다!

* 시인의 손주(11세). 대전 반석초등학교

Cherry blossoms

Cherry blossoms bleed
When Sping Comes
When the cherry
blossoms bloom, the bees fly
woo woo woo woo
suck the honey once in a while
when the cherry
blossoms bloom, on the flower path
Couples swarm.
My family is full of them
Cherry blossoms are very popular.
I'm so jealous!
Grandma is as pretty as a
cherry blossoms!

Magic moments

정예린

Shake, Shake, Shake!
When I shake my magic wand,
Grants all my wishes.
If I could do magic
Then I be so happy.
Because we could add all the things we want.
흔들어봐요, 흔들어봐요, 흔들어 봐요
내가 요술 지팡이를 흔들 때,
나의 모든 소원을 들어주지요.
내가 만약 요술을 부릴 수 있다면
나는 너무 행복할 거예요.
우리가 원하는 모든 것들을
다 가질 수 있을 테니까요.

Abracadabra comes out magic.
Magic Marble does all the things we want.
It does everything for us.

So what do you think?
Abracadabra, Yay!
아브라카다브라는 요술을 부릴 줄 안대요.
우리가 원하는 모든 것들이
요술 구슬로 이루어지고요.
요술 구슬은 우리에게 모든 것을 다 이루어준대요.
그러면 여러분은 무엇을 생각해야 할까요?
아브라카다브라, 야이!

Watery, Watery, Magic water.
1, 2, 3! If you touch 3 times,
All my wishes come true.
Wee! Yay! Magic water.
물 같아요, 물 같아요, 요술 물.
하나, 둘, 셋! 하고 여러분이 세 번 만지면
이루어질 거예요.
우이! 야이! 요술 물.

* 시인의 손녀(8세). NLCS제주국제학교

Magic moments

정용린

If I smile, you smile.
If you smile, everybody smile.
If happiness spreads, it becomes lucky.
If luck spreads, it will be good for everybody.
내가 미소 지으면 당신이 미소 짓고
당신이 미소 지으면 사람들이 미소 짓네.
행복이 널리 퍼지면 행운이 되고
행운이 널리 퍼지면
모두에게 이익을 줄 거예요.

Stars twinkle at night, saying "hello!".
The sun shines at the morning, saying "great day!".
What's this!
It's a magic moments.
별들이 밤에 "안녕"하며 반짝거리고
해님은 아침에 "아주 좋은 날"이야 하고 밝아

오네.
이것이 무엇인가!
마법의 순간들이라네.

Every thing great when we are great.
When we are great, they are great.
This brings luck.
Luck brings peace.
Peace brings love.
What is this moment?
This is magic moment.
우리가 위대해질 때
세상의 모든 것들이 위대해 지고
우리가 위대해지면
사람들도 위대해진다네.
위대함은 행운을 가져오고
행운은 평화를 낳으며
평화는 사랑을 불러일으킨다네.

이 순간이 무엇인가?
바로 마법의 순간이라네.

Stars twinkle. The moonlight shines.
The sun shines, saying "hi".
And we all are flying with joy and happiness.
What do we call this moment?
We call it magic moment.
별이 빛나고 달빛이 흐르네.
해님은 "안녕"하며 떠오르네.
그래서 우리 모두
즐겁고 행복하게 날아다닌다네.
이 순간을 우리는 무엇이라 불러야 하는가?
바로 마법의 순간이라 부른다네.

* 시인의 손자(8세). NLCS제주국제학교

> 발문

시적 사물 앞에 감과 각을 부리는 메타시의 파노라마

노창수(시인·문학평론가)

1

김난옥 시인의 원고를 읽으며, 시의 지평이 넓어져 감을 확인하는 것과 함께, 거기 깃든 정서의 샘도 결코 얕은 게 아니란 걸 느꼈다. 점차 창작의 내장력이 깊어지고 단단해져 감에서 그랬다. 그는 이른바 '메타시'라 할 기법과 그에 담아내는 표현력에 감感과 각覺을 살리려 하고 있었다. 예컨대 '문장부호', '고전 학습', '시상 잡기', '바다 파도', '오르페오와 에우리디체', '그늘 들이기', '나의 시론' 등에 걸쳐 시적 변주와 깊이에 도전적 자세를 보인 점이다.

그는 광주 출생으로 한국방송통신대학교 국어국문학과를 졸업했고, 2024년 《문학공간》에 시로 등단했으며, 같은 해 《문학춘추》에 시조로도 등단한 바 있다. 이후, 남명문학상을 수상하는 등, 문학춘추작가회, 광주문인협회, 광주전남시조시인협회 등의 단체에서도 활동 무대를 넓혀 가는 중이다.

보내온 시집 분량은 상당했으나, 그 가운데 시인의 필력이 도드라지는 작품, 즉 대표성으로 거론될 7편을 골라 독자들에게 접근하기 편하도록 심리의 기저, 시적 배경 등을 시의 구조와 연결해 가는, 이른바 '작품 해설'이란 글로 그의 시에 접근해 보고자 한다.

  한밤중에 깨어
  달빛을 잡아채려는데

  잡고 또 잡아도
  맑은 물만 주르르

  참방대는 손을 따라
  달빛은 물 위를 쿵쿵 뛰어다니고

  답답한 행과 연 사이에
  마음 한 줄 걷어내니
  달빛도 고요해져
  물동이에 가득 찬다

  시어 한 자락 흘려보내듯

맑은 물 한 동이 흘려보내니

달빛도 물을 따라 가뭇없다
나는 무엇을 잡으려 했던가

하늘을 올려보니
둥근 시어가
큼지막하게 걸려 있다

- 「한밤중에 쿵쿵거리다」 전문

　무릇 시인은 이미지를 찾기 위해 고군분투한다. 시의 화자도 "한밤중에 깨어"나 시가 될 법한 "달빛을 잡아채" 내어 소재로 삼고자 한다. 그는 "행과 연"에 답답하다 싶을 정도로 "마음 한 줄"마저도 걷어낸다. 마침 달빛은 물 동이를 채우게 되고 달은 아예 그 "물 위를 쿵쿵 뛰어" 다닌다. 달빛은 흘러들다가 곧 가뭇없이 가버린다. 하여, 시의 길은 찾을 수 없다. 화자는 "무엇을 잡으러 했던가" 반문하다가 "올려보니 둥근 시어가 큼지막하게 걸려" 있는 것처럼도 보인다. 마침 보름달 무렵이기 때문이다. 그는 만월과 같은 환한 시가 걸렸다는 착각을 한다. 하지만, 화자는 하늘의 달은 정작 보지도 못하고 물 위의 달만 보고 그걸 잡기 위해 "쿵쿵 뛰어다니고"있음을 깨닫는다. 여태 그는 달의 그림자만 쫓아다닌 시법詩法을 부려 왔음을 느낀다. 이젠 달과 같은 "둥근 시어"가 걸린 곳을 찾아가야 한다고 토로하는 것이다.
　시가 시를 이야기하는 건 대저 '메타시'로 운위된다.

그는 한밤중 달처럼 "물 위를 쿵쿵 뛰어다니"다 시가 "큼지막하게 걸려" 있다고 생각하지만, 실은 하늘의 달과 같은 시를 진정 소환하는 게 목적이다. 여기서 시상詩想, 즉 이미지는 호수에 비친 달과도 같다. 그걸 잡으려 하지만 "물만 주르르" 흘러나온다. 그래 그는 그곳에서 도망치듯 뛰어가 버린다. 결국 화자는 만월과 같이 크고 밝은 시어를 받아들여 내면에 깊이 끌어가고자 하는 것이다.

2

치명적일수록
돌은 더 곱고 매끄럽다

흩어진 어둠 속
바구니 속에 조용히 담긴 돌

눈물은 가슴을 스치고
허공엔 구름 조각
꽃처럼 사라진다
버려두다 기다리다
지쳐 지워 낸 몸

그늘로 등을 돌릴 때쯤
몽실몽실 피어나는
돌 하나를 꺼내 품는다

오늘,
가슴을 데우는
온기 한 점

진정 내일은
다른 날이 될까

시간이 자정을 향해 흐르고
한순간
돌은 꽃을 피운다.
-「오늘」 전문

　이 시에 의한다면 적막의 때 곧 자정은 돌이 꽃을 피우는 때이기도 하다. 그것은 최선의 적요寂寥와 최고의 고적孤寂으로 합환된 돌이다. 그 돌을 읽어내는 단단한 시의 빛깔, 그리고 그것의 매끄러운 감촉을 알아채는 순발력, 그게 시의 관건이다. 돌의 눈물은 가슴을 스치며 "허공의 구름"을 지나 꽃으로 변화한다. 그는 한때 돌을 버려두기도 했지만, 그 돌을 보고 위기에 벗어나기도 했다. 온몸과 등으로 져 나르던 몸과 같은 돌(水石)이었다. 삶의 고단한 여정에서 쉴 때마다 "몽실몽실 피어나던" 돌, 화자는 그걸 오늘 다시 품어보게 된다. 돌의 "가슴을 데우는" 온기로 내일을 열려고도 한다. 요즘 권태의 나날이 지속되지만 다른 출발을 위해 노력할 것을 약속해 본다. 그는 돌에의 기대로 오늘을 보내며 그 온기에 재생할 일상을 기대하는 것이다.

연둣빛으로 솟구치는 신록의 기둥들
한껏 뽐내는 듯 있어도
내 마음 하나 읽질 못합니다

새들이 재잘거리는 초록 물결 따라
무심한 듯 걷는 종종 발걸음 속에
소리마저 잠재운 버거운 그늘 밑
소담한 들꽃이 고요히 피어 있습니다

바느질로 밤늦어 시내에서 구석진 동네
버스비도 아까워 그 길을 걸어, 걸어서
지친 달 꾸벅꾸벅 조는 별들과 집에 드는
마치 나의 어머니 모습처럼

저리 가냘픈 제 몸으로
당신이 고뇌한 무게를 감당하느라
이리 그윽하고 고요하기만 합니다

-「가난한 들꽃」 전문

　이 시는 기승전결을 밟는다. 주변에 우람하게 짙은 '신록의 기둥들은 내 마음을 다 읽지 못'한다는 도입[起]으로부터 거대 신록보다는 작은 생명체에 관심이 있음을 드러낸다. 화자는 '초록 물결 따라 종종걸음으로 와서 버거운 초록의 그늘 밑에 소담하게 핀 들꽃'[承]을 멈춰 서서 보고 있다. 그는 꽃 속에서 '구석진 동네에서 버스비를 아끼며 걸어 집에 들어 밤이 이슥토록 바느질을 꾸려 가신 어머니 모습'[轉]을 읽게 된다. '가난한 들꽃은 가냘픈 몸으로 고뇌를 견디는 그윽하고도 고요한 삶'[結]을 엮어 보인다.

  요약하자면 〈나의 복잡한 마음〉[起]은 〈소담한 들꽃의 존재〉[承], 〈그로부터 어머니 모습을 연상〉[轉]하며, 〈그윽하고 고요한 들꽃〉[結]의 생태성을 일련적으로 보여주는 것이다.

  무거운 초록 나무들 그늘아래 피어있는 가난한 들꽃이란, 삯바느질의 삶을 견뎌온 어머니 모습을 반추해 보이는 시, 그 초록 무게를 감당하면서도 그윽하게 핀 고요와 들꽃 존재를 함께 환기하는 바 생태의 시학이라 할 수 있겠다.

3

  숱한 날들
  머릿속엔 늘 물음표(?)
  "왜일까"
  스스로 찾은 감동의 느낌표(!)

  씨줄 날줄 엮어 베를 짜다가
  힘들면 쉼표(,) 위에
  살짝 걸터앉아 쉬기도 해

  종착역일까 두려워
  마침표(.)를 힐끔
  "진짜 끝이야"

  제대로 가고 있는지

말하지 말라며
말없음표(…)는 맥없이 누워 있어

불쑥, 마음 흐린 날엔
작은따옴표(' ') 안으로 쏙
숨죽여 지켜봐

때론 큰따옴표(" ")가
주옥같은 지혜 한 조각 전언하고
깊은 못에 반추하지

세상살이
그리 호락호락하지는 않아
토닥토닥 다독여주는 쌍점(:)

맑은 하늘 그윽이 바라보는
여유를 줘 봐
날마다 좋은 날이지
하여 쌍반점(;)이 바짝 추켜세우더니
꿋꿋한 풀밭 되라 해

문장과 문장 사이
그 절실한 호흡지 간,
어떤 무늬로 직조되는지
현란한 의문 덩이에
세상 실체는 간데없고

기호와 세계 사이 불균형과 간극
여전히 포월 밭 풀베기
끈질긴 시간이지.
　　　　　　　－「문장부호 찾기 －카이로스 시간」 전문

이 시는 "카이로스 시간"에 부딪치는 생의 기회를 화자와 연계시킨다. 문장부호의 의미를 통해 카이로스 사연들을 나열한다. 그러면서 흘러가는 '크로노스 시간'을 떠나 사람이 주관적으로 체험하는 시간 즉 '카이로스 시간'을 증명해 보인다. 생의 중요한 시기란 모름지기 기회를 붙잡듯 선택적 순간이 중요하다. 즉 삶의 기회를 위해서 화자가 '문장부호'를 사용하는 경우처럼, 그 과정들을 비교하는데 이색적인 작품이다. 시에 동원된 부호는 물음표(?), 느낌표(!), 쉼표(,), 마침표(.), 말없음표(…), 작은따옴표(' '), 큰따옴표(" "), 쌍점(:), 쌍반점(;), 포월(( )) 등이 차례로 이어진다. '카이로스'는 그리스 신화에 존재하는 괴물로, 그 앞머리는 털이 무성하지만 뒷머리는 대머리이고 어깨와 발뒤꿈치에 날개단 모습으로 묘사된다. 카이로스 시간엔 기회를 포착하지 않으면 바로 놓치기 쉽다는 의미가 있다. 카이로스는 인간 삶의 운명을 바꿀 수 있을 만큼 중요한 찰나를 지녔기 때문이다. 우리가 일상에서 맞는 때를 가리켜 '지금 바로 이때가 기회야'와 같은 표현을 사용하는데, 이게 '카이로스 시간'이라고 할 수 있다. 그만큼 카이로스는 주관적·절대적 시간에 의미를 부여한다. 늘 "꿋꿋한 풀밭이 되라"는 문장과 문장 사이의 호흡에 따라 명령을 수행할 때, "포월 밭"같은 낫을 돌려 풀 베는 요령이 필요한 시간이다.

　글 쓰는 시간은 때로 "문장과 문장 사이"에 허덕이다가 "절실한 호흡"에 기대를 건다. 즉 "어떤 무늬"로 이미지를 직조할 것인지 고민하는 것이다. 시인은 시적 대상에 대하여 "현란한 의문 덩이"를 품지만 "실체는 간 데 없"어 보인다. 그래서 "기호와 세계 사이"에 불균형이 오게 되고, 거기에는 "간극"이 있어 뵌다. 결국 "포월 밭 풀베기"와 같이 지탱할 자신의 연습만이 시의 길임을 말하고 있다.

> 길을 모른다는 것은
> 문득 고통이 되기도 하지
> 더욱이 갈림길에 서성이면
> 막막한 마음이 물이고 파동도 되기도 해
> (중략)
>
> 이제 거울을 꺼내
> 지금의 나를 살피다
> 남의 글이라 여겼던 문장이
> 그 글이 바로 나였다네
>
> 이듬해 또 가져다 거울을 보니
> 그 글은 또 다른 나였고
> 내 얼굴은 자꾸 변하고
> 그 글만은 변치 않고
> 또한 읽으면 읽을수록
> 더욱더 기이하게
> 내 안의 나를 닮아가고 있었네
>
> — 「고전에서 찾다」 1·4·5 연

내가 가는 길을 모르는 것, 또는 앞으로 가야 할 길을 스스로 깨닫지 못하는 것, 그게 자신의 고통이란 말은,

동안 화자가 건성으로 생을 비판했음을 압축한다. 또는 그 변이형이기도 하다. 모르는 데 대한 막막한 마음은 곧 흘러가는 물과도 같다. 시적 자아는 피동적으로 쏠려 아무 목적 없이 흘러가 버리게 된다. 그는 방황하는 때마다 선택에 허둥대는 것이다. 스스로가 속이지 않고 굳세어야 할 절박감을 호소하며 읽게 한다. 그는 일상을 걸으며 좋은 시를 모색하기에 여념이 없다. 그런 지금의 자아를 거울에 비춰도 본다. 그동안 자기 글을 남의 글로 빌어 존재시켰던, 아니 제 글을 남의 생각으로 건져 올리지는 않았는지 되돌아보며, 화자는 늦게야 남이 생각한 사유가 곧 내 문장으로 화한 것임을 깨닫는다. 그 글은 또 다른 나로 인식되어 객체가 변하지만, 내 글만은 변하지 않았음에 놀란다. 내가 쓴 글을 읽으면 기이하게도 남의 생각으로 옮겨 오거나, 아니면 나를 닮게 되는 경우도 있다. 화자가 "고전에서 찾"은 바 고전으로부터 배우는 한 시학일 터이다. 그것은 자기만의 사고로 고전의 수준만큼 이르는 길이기도 하다. 시를 열심히 썼지만 실은 남이 사유한 것을 자기 것인 양 호도한 건 아닌지 겸손하게 반성하고 있는 작품이다.

4

처마 밑 아래로
촘촘히 매달린 옥수수 그늘

내 마음에도
알이 꽉 차 흔들리지 않는
그늘 하나 들이고 싶다

속을 여물도록
알알이 뜨거웠던 빛
몽땅 둥지에 걸어 놓으면

시절을 쫓아 열매 거두는 일이
생의 든든한 몫인 줄을
내 알겠다

서로 비좁게 껴안을수록
어느 것 하나 넉넉해 보지 못한
숭숭 뚫린 노인의 잇몸 같은 삶

쫀쫀한 옥수수 찰진 이빨을 보며
서늘하게 돌아볼 일들이 많은
성글하고 헐렁한 길 하나

시리고 따뜻한 그늘이다
그 그늘에 보면
가야 할 길이
더 확연히 보인다.

— 「그늘 하나 들이고 싶다」 전문

  시에서 화자가 보는 곳은 "처마 밑 아래로 촘촘히 매달린 옥수수" 다발이 아니다. 그는 씨 옥수수 묶음이 내려간 밑 바로 "그늘"을 보고 있음에서이다. 씨받이 옥수수는 "알이 꽉 차" 있어 "흔들리지 않는 그늘"을 만든다. 거기가 바로 눈길이 머무는 지점이다. 그는 곧 자기 안에 그 그늘을 "들이고 싶"어 한다. 저렇듯 흔들리지 않으려면 얼마나 속이 "여물도록 알알이 뜨거웠던 빛"을 견디어 냈을 것인가. 지금 씨 옥수수 걸린 처마 밑 둥지는 한 시절 "생의 든든한 몫"을 대변한다. 사실 우리의 과거란 "숭숭 뚫린 노인의 잇몸"처럼 힘과 돈이 새어나가 한 번도 "넉넉해" 본 삶이 아니었다. 그 시절을 지나 이제 "돌아볼 일들이 많은" 한 통점기에 와 있다. 해서, "헐렁한 길 하나"를 내려놓고 "시리고 서늘한 그늘"에 가벼이 도달하고자 한다. 그늘에의 길은 베푸는 삶으로 내려가는 길로 치환되며, 시인은 "그늘 하나 들이고 싶"은 의식 과정을 구체화해 보인다.

    시는
    끝없이 추락하는
    나락을 입지 못하는 바다다

    시는
    비틀린 공식 속
    피어나는 꽃의 착안이다

    시는
    양분 없이
    4차원의 방정식으로 자라는 줄기다

> 시는
> 잃어버린 자리에
> 슬며시 뿌려지는 비료이며
>
> 시는
> 땅의 온도를 높여
> 닫힌 문을 여는 별이다
> 태초에 시는
> 나이 없이 존재한
> 소리들의 절규였다
>
> － 「나의 시론」 전문

대체로 시인이 쓰는 시론이란 이론적 틀을 인용하지 않지만, 「나의 시론」처럼 시인의 시법임을 강조하는 경우도 있다. 즉시적 메타시법의 경우로, 이 시는 그런 절차를 표방하는 듯도 하다. 시인은 등단을 거쳐 창작해 오는 동안 느낌들을 아포리즘에 가까운 구절로 엮는다. 시를 향해서, "나락을 입지 못한 바다", "피어나는 꽃의 착안", "사차원의 방정식으로 자라는 줄기", "잃어버린 자리에 슬며시 뿌려지는 비료", "땅의 온도를 높여 닫힌 문을 여는 별", "나이 없이 존재한 소리들의 절규" 등으로 정의한다. 그 구절들은 한결같이 지고의 공력이 곧 시라는 걸 드러내고 있다. 그가 시에 경주하는바, 작용시키는 그 끝 힘이란 각각 '바다, 착안, 방정식, 비료, 별, 절규' 등에 도착을 요한다. 이는 시인의 나갈 지점이자 동시에 누구나 추구해야 할 당착점이기도 할 것이다.

대체로 시인은 사물에 무단한 호기심을 가지기 마련이다. 왜 그게 존재하고 어째서 그렇게 되는가, 그 궁금증이 동력을 얻고 있으니 말이다. 김난옥의 시에서는 존재에 대해 깊이 천착하려는 면을 보인다. 그게 바로 시 발점이자 종점, 그리고 메타시적 전개라 할 것이다.

5

그리스 크레타 출신의 작가 니코스 카잔차키스(Nikos Kazantzakis 1883-1957)의 『그리스인 조르바』에 등장하는 주인공은 야생마와 같다. 그가 곧 조르바이다. 그는 일자 무식자이고, 자유분방하기 짝이 없는 원시적 사내이지만 순간적인 예지를 보는 놀라운 눈, 그리고 궁금증이 많은 자, 예술적 감각이 뛰어난 자로 묘사된다. 작가나 시인이란 『그리스인 조르바』(1946)에서 보듯 온갖 생명체를 일깨우는 기적을 요하는데, 그게 곧 '자유'의 몸짓이며 예술가 즉 시인과 닮은 모습이다. 이 책은 작가 카잔차키스와 닮은 조르바의 요동치는 일대기를 번뜩이는 역설로 기록한 실명소설이다. 그걸 열면 원초적 자유의 몸부림이 페이지마다 떨며 운다. 조르바는 화자가 여행 중에 우연히 조우한 친구로 예술인이자 철학인, 아니 못 말리는 자유인이다. 그는 여행 중 방랑적 자유와 통찰적 직관이 뛰어난 조르바를 만난다. 이 조르바로부터 '두목'이란 지위를 누리기도 한다. 그리고 둘은 운명적으로 의기투합하여 친구로써 동행자가 되어 여행길을 나선다.

시인이 대상에 대한 상상과 만나는 지점이란 곧 조르바식 조우와 밀접하다. 상상은 조르바처럼 날뛰는 버릇이 있다. 그러나 그것을 시인이 조련하고 작품에 조용히 안기게 하는 기술이 필요하다. 놀라운 시선과 심상을 시의 소파에 다소곳 앉히게 하는 역량이 남달라야 하는 까닭이다.

마찬가지로 시인은 대상에 관한 상상을 안착시킬 그를 위해 둥우리를 아늑하고도 깊어지게 해야 할 일이다. 이번 시집 발간을 계기로 그런 안착시킬 힘을 예비하기를 바란다. 긴긴하고 여여하게 시집을 상재하여 마침내 힘든 오늘에 이르른 것을 축하드린다.

문장부호 찾기

김난옥 시집
문장부호 찾기

인　　쇄　2025년 6월 26일
발　　행　2025년 7월 1일
지 은 이　김 난 옥
펴 낸 이　노 남 진
편　　집　장 숙 영
펴 낸 곳　(사)한림문학재단·도서출판 한림
　　　　　61488 광주광역시 동구 백서로125번길 11(금동)
　　　　　(062)226 - 1810(代)·3773
　　　　　E-mail. hanlim1992@kakao.com
　　　　　출판등록 제1990 - 000008호(1990. 9. 14.)

ⓒ 김난옥, 2025
이 책의 저작권은 저자에게 있습니다.
저자와 출판사의 허락없이 내용의 일부를 발췌하거나 인용할 수 없습니다.

값 12,000원
ISBN 978-89-6441-607-5   03810

* 이 책의 판매처 _ 교보문고, 예스24, 충장서림

구체적
소년

만화시편01

서윤후 시
노키드 만화

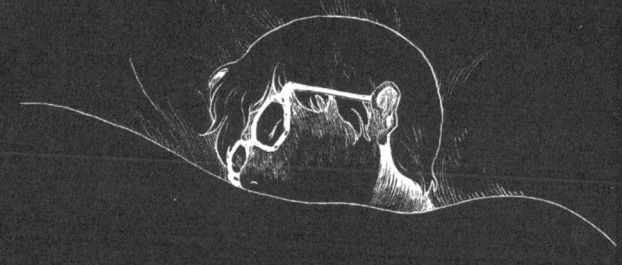

구체적
소년

네오카툰

차례

시인의 말 • 5

남극으로 가는 캠핑카 • 7
독거 청년 • 17
단지 유령일 뿐 • 27
파리소년원 • 37
희디흰 • 45
나의 연못 • 55
사탕과 해변의 맛 • 73
고아축구단 • 81
오심―고아축구단을 위한 선언 • 91
해적 소년단은 말했지. 우리를 필요로 하거든 애꾸눈과 몽고반점을 달라. 아니면 우리의 목숨은 백 년 동안 그물에 걸려 본 적 없는 아가미를 가지게 될 테니. • 101
거장 • 111
구체적 소년 • 121
방물관 • 131
밀입국을 도와줄게 • 137
우리가 열렬했던 천사 • 147
카이로 소년 • 157
동창회 • 167
우물관리인 • 183
무사히 • 193
프롤로그 • 203

만화가의 말 • 204

시인의 말

"아직도 여기 있었니?"라는 말을 자주 들었습니다. 네, 용기가 부족해서 기다리는 일을 자주 했어요. 그렇게 기다리다가 두고 온 소년들이 있었어요. 그 소년들이 어느 날 문득 몰려와 숨죽이고 저를 기다리는 거예요. 그리고 나는 말했어요. "아직도 여기 있었니?" 나는 나의 뺨을 자주 때리곤 합니다.

시가 만화로 그려지는 일을 상상했지만 상상이 되지 않았습니다. 머릿속에 막연하게나마 그려본 일은 있었지만요. 구체적인 장면으로 시를 읽어가는 일을 해보게 되어 기쁩니다. 이 소년들을 영영 보내줄 수 있을 것 같습니다.

이제는 기다림에 사활을 걸지 않고, 자신의 사랑을 수색하거나 싸움을 지속하거나 방공호의 담요를 찾아 나서는 소년들의 뒷모습을 봅니다. 그들은 모두 나였고, 그들은 내가 되는 일을 부정했습니다. 부족했고 작았습니다.

고요하게 치열했던 한 시절이 있었습니다.

2017년 4월
서윤후

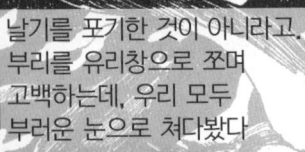

날기를 포기한 것이 아니라고, 부리를 유리창으로 쪼며 고백하는데, 우리 모두 부러운 눈으로 쳐다봤다.

갖고 싶어, 저 물갈퀴.

구구절절 떠들어 보자.

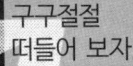

춥고… 아주 불쾌하군.

이제 모두 그림엽서를 쓰자.

아무도 읽어 주지 않는 연재를 시작했다.

우리들은 껴안고 잤다.

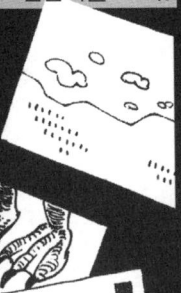

우리는 집배원이 없을 때 편지를 곧잘 썼다.

참아. 그만큼 남극에 가까워졌다는 거야.

크레파스는 한 자루뿐이어서

도달하는 일만 남았는데

불쾌한 숙면은 안락한 체온을 나눠 줄 테니,

자기 전에 모두 그림자를 그렸다.

말을 걸어 주지 않아도 먼저 대답하게 되었고,

캠핑카에 걸려 있던 온도계가 깨지자,

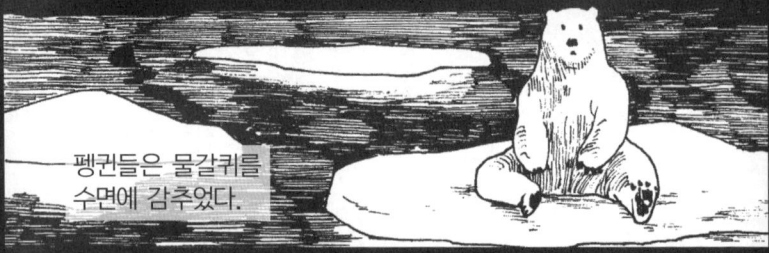

펭귄들은 물갈퀴를 수면에 감추었다.

우리가 가고 있는 방향은 빙글빙글,

제자리를 맴돌며 미끄러지는 하얀 우체통,

멈춰 설 줄 모른다.

남극으로 가는 캠핑카

우리는 미끄러지는 대로 달렸다. 출발을 위한 시동인지, 도착을 위한 시동인지 구분이 가지 않는, 소음만 남아 있는 이곳에서 낭만은 사라진 역사.

일용할 수프 위에 살얼음이 떠도 식사는 멈추지 않았다. 우리 모두 건더기가 되자. 숟가락 건배는 캠핑카의 전통이 되었다. 우리는 남극으로 가고 있다.

심야의 라디오 방송을 타고 펭귄 떼가 날아왔다. 날기를 포기한 것이 아니라고. 부리로 유리창을 쪼며 고백하는데, 우리 모두 부러운 눈으로 쳐다봤다. 갖고 싶어, 저 물갈퀴.

구구절절 떠들어 보자. 우리들은 껴안고 잤다. 불쾌한 숙면은 안락한 체온을 나눠줄 테니, 이제 모두 그림엽서를 쓰자. 크레파스는 한 자루뿐이어서 자기 전에 모두 그림자를 그렸다.

아무도 읽어 주지 않는 연재를 시작했다. 우리는 집배원이 없을 때 편지도 곧잘 썼다. 말을 걸어주지 않아도 먼저 대답하게 되었고, 도달하는 일만 남았는데

넘쳐나는 편지와 엽서들 때문에 돌아누울 바닥도 사라져 가는 캠핑카. 노래를 부르며 출발했던 온기는 어디에 있을까. 이 남극을 다 녹이기에도 충분했던 체온들.

캠핑카에 걸려 있던 온도계가 깨지자, 펭귄들은 물갈퀴를 수면에 감추었다. 우리가 가고 있는 방향은 빙글빙글, 제자리를 맴돌며 미끄러지는 하얀 우체통, 멈춰 설 줄 모른다.

○

　　　예술을 하면서 많은 창작자들이 '내 것'에 대한 고민을 많이 할 거라고 생각해요. 저도 그런 고민을 늘 하고 있지만 이 시를 통해서 실마리를 찾았던 것 같아요. 지금은 시인이 된 대학 동기이자 친구인 구현우 시인과 저는 맨날 둘이서 제가 사는 고시원에 틀어박혀 시를 쓰고 읽었어요. (옥탑 고시원을 우리는 공중정원이라고 불러요.) 아주 오랫동안 그랬고, 그게 참 좋았어요. 그땐 몰랐지만 이 시가 그때 우리의 여정이었다고 생각해요. 멈춰선 것 같다고 착각했던 그때의 움직임을 감지할 수 있어요. 그래서 우리가 지금 여기까지 또 오게 되었구나 하는 안도감과 함께 각자 자기 것을 찾아가는 여정을 떠나야겠구나 싶은 마음이 동시에 들어요.

단 하나의 실피주출로 터진 얼굴들을 생각하며

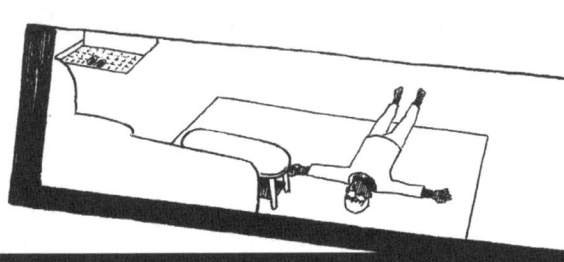

창백한 창문을 봅니다

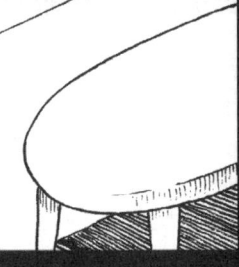

실내에서 유일하게 한 일은 웅크림이라는 도형을 발명한 것뿐입니다

테라스엔 바깥을 서성이다 온 사람들이 있고, 그곳엔 버스나 기차가 정착하지 않습니다

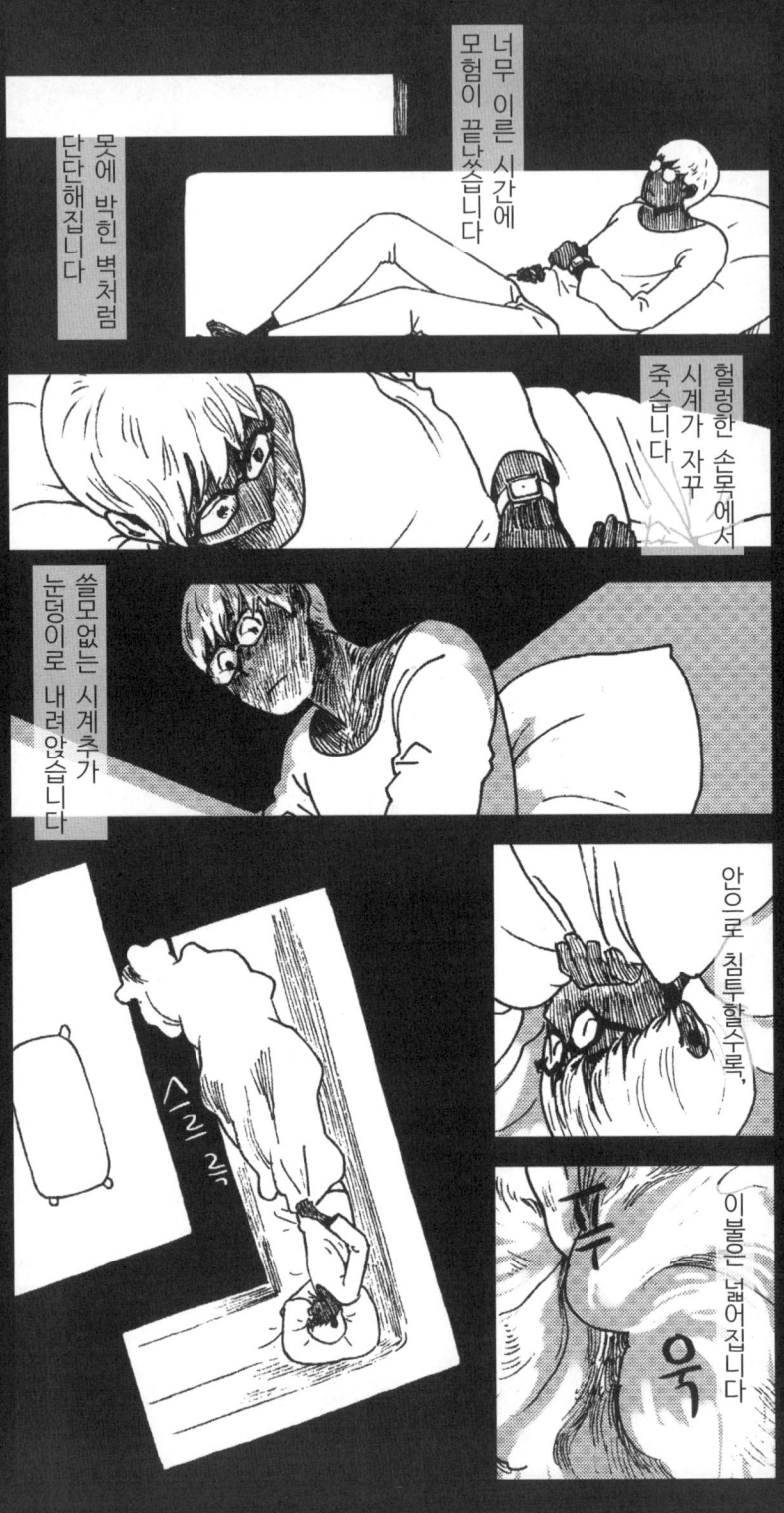

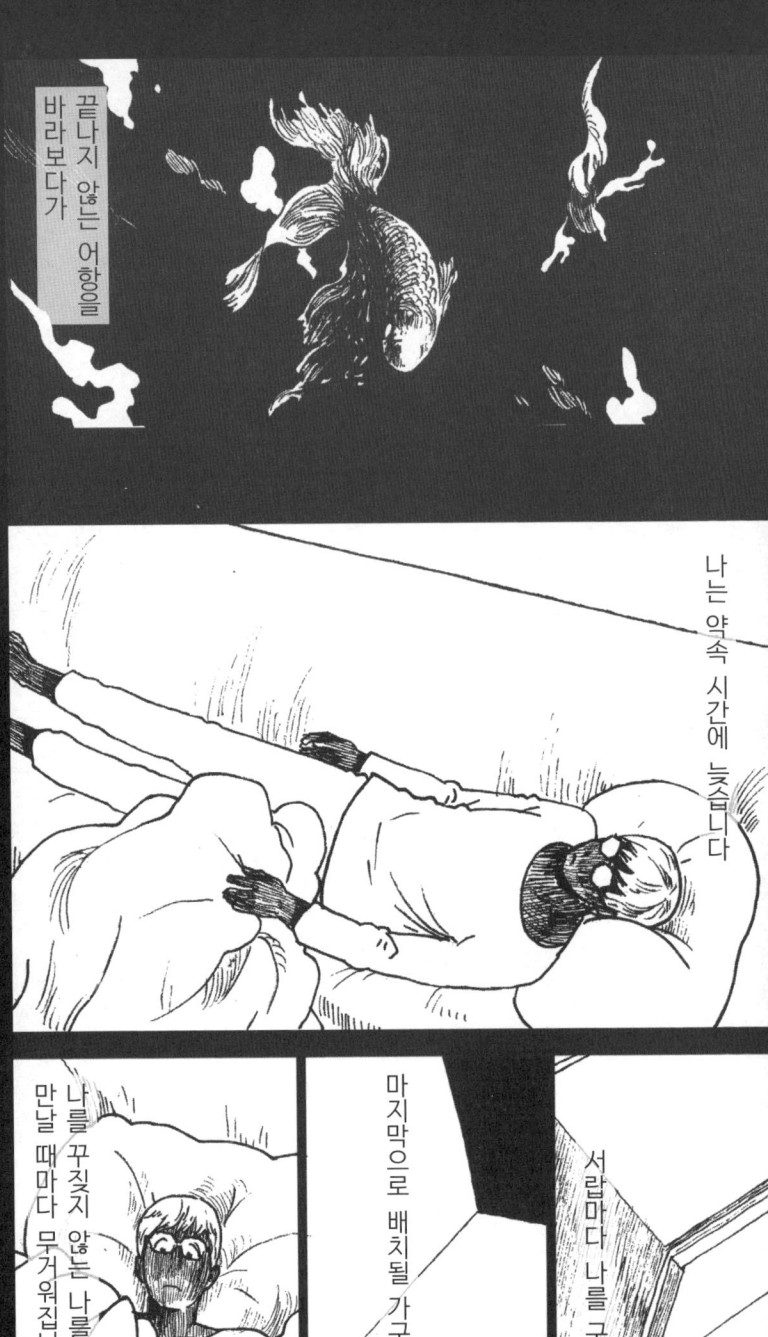

독거 청년

나는 집에서도 가끔 나를 잃어버립니다

단 하나의 실핏줄로 터진 얼굴들을 생각하며 창백한 창문을 봅니다 실내에서 유일하게 한 일은 웅크림이라는 도형을 발명한 것뿐입니다

테라스엔 바깥을 서성이다 온 사람들이 있고, 그곳엔 버스나 기차가 정차하지 않습니다 다만 조금씩 밀려나는 연습을 합니다 경치 좋은 곳에서 감히

나는 나를 슬퍼할 자신이 있습니다 두 손으로 얼굴을 포개거나, 일 인 분의 점심을 차리는 일에 능숙합니다 홀수와 짝수가 나란해집니다.

너무 이른 시간에 모험이 끝났습니다 못에 박힌 벽처럼 단단해집니다 헐렁한 손목에서 시계가 자꾸 죽습니다 쓸모없는 시계추가 눈덩이로 내려앉습니다

안으로 침투할수록, 이불은 넓어집니다 안에도 바깥이 생기기 때문입니다 열대어들이 서로 친해지는 모습을 보고 싶습니다 끝나지 않는 어항을 바라보다가

나는 약속 시간에 늦습니다 나를 꾸짖지 않는 나를 만날 때마다 무거워집니다 마지막으로 배치될 가구의 기분으로, 서랍마다 나를 구겨 넣습니다

꺼내 보고 싶지 않은 나를 찾는 날엔, 운 좋게 천장을 걸을 수 있습니다 걸터앉는 곳마다 부러지면 실내가 실내를 이해할 때까지, 온도계는 모호해질 수 있습니다

　　　　　　　○
　　　　　이 시를 쓰고 난 뒤에야 비로소 독립했구나 생각했어
요. 나의 모양을 처음으로 알게 되었거든요. 가족 안에 있을 때의 나의
모양은 자주 변하는 것 같아요. 나만의 모양을 팽창하고 있을 만큼 긴
장할 일도 이유도 없거든요. 비로소 혼자 있을 때 나는 어떤 모양으로
살고 있는지 알게 되었는데, 이 시가 그런 고민의 작업물이라고 볼 수
있어요.
늘 주거 불안을 경험하고, 반강제적으로 이사를 해야 하는 월세의 삶
이지만, 내가 살아가는 한 시절을 묻고 꾸미고 뒤척이는 집이란 실내
를 좋아해요.

그때부터 겁쟁이들의 이름은 모두 잊고 얼어붙은지도 모르는 계곡물에 먼저 발 담그는 걸 배웠다.

사나이는 함부로 비밀을 탄로하지 않는다.

그것은 비밀에 비밀이 붙여져야 할 수 있는 말.

목에 걸린 호루라기가 차가워지면 그때부터 소곤소곤 속삭이기 시작한다.

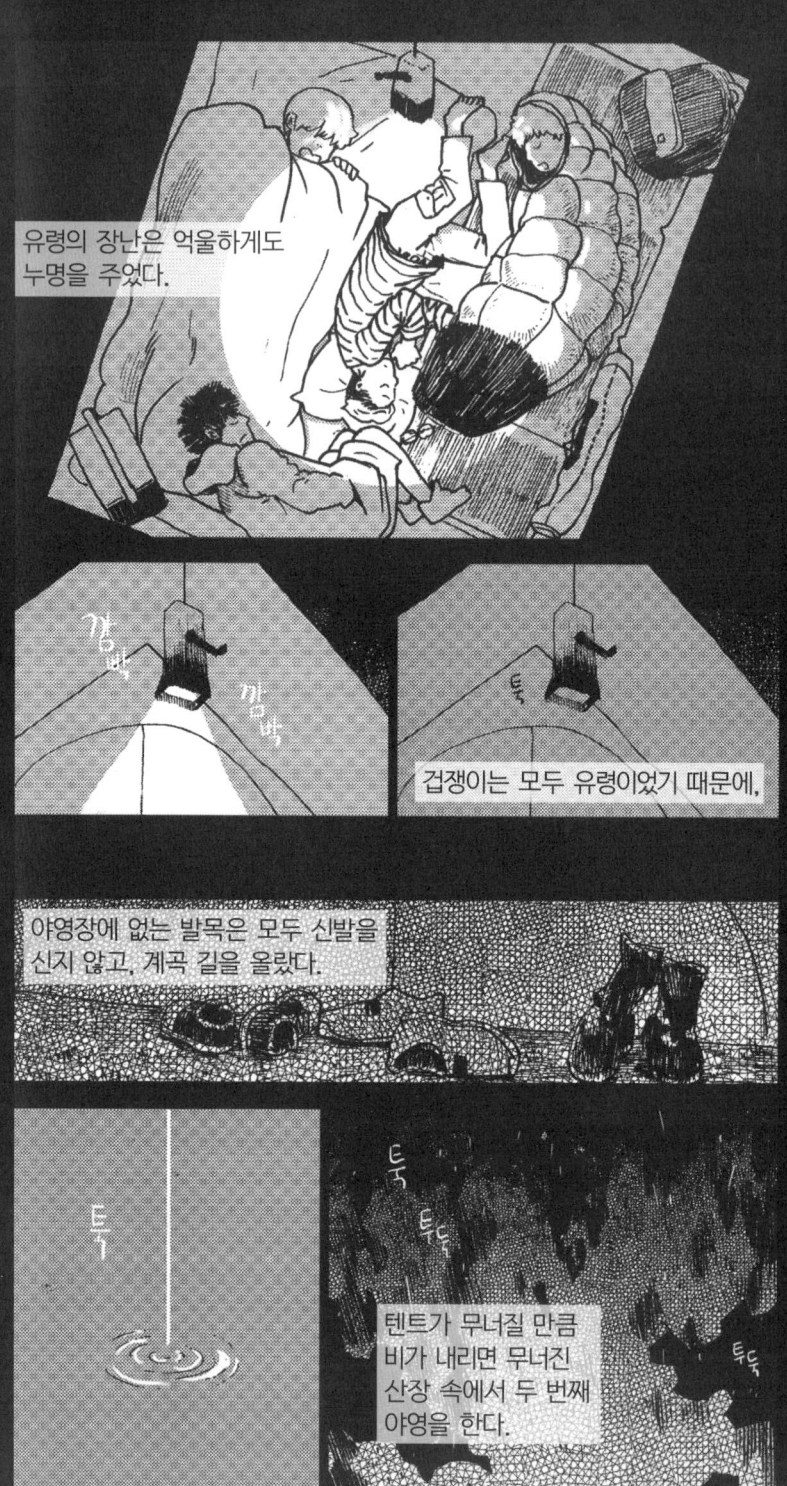

가 보지 못한 공동묘지에 잊어버렸던 이름들이 단단하게 세워져 있다.

우리 중, 가장 먼저 계곡의 찬물에서 발을 뺀 것도 나였다고 말할 순 없다.

의리는 비밀을 지키고, 비밀은 우리를 음모로 빠트렸다.

부근에는 새떼들의 울음소리가 점점 커져 갔다.

호로라기 부는 유령들이 저기에서,

캠프파이어 한다.

단지 유령일 뿐*

무너진 산장 옆에서 우리는 야영을 한다. 용감해졌다고 생각할 수 있는 나이, 그때부터 겁쟁이들의 이름은 모두 잊고 얼어붙는지도 모르는 계곡물에 먼저 발 담그는 걸 배웠다. 사나이는 함부로 비밀을 탄로하지 않는다. 그것은 비밀에 비밀이 붙여져야 할 수 있는 말. 목에 걸린 호루라기가 차가워지면 그때부터 소곤소곤 속삭이기 시작한다. 어쩌면 우리는 모두 유령이었다고.

보이지 않는 것을 믿지 않는다. 주먹을 쥐고 두드렸을 때 어쨌든 비명이 들려야만 믿는 방식은, 여기 텐트를 세웠다. 우리가 유령이었다면 산장을 지나 공동묘지에서 뛰놀 수 있겠다고 놀리는데, 우리가 아닌 다른 유령을 목격했다. 죽기보다 싫은 광경 때문에 울 수가 없어 호루라기를 불었다. 사나이는 호신술을 새소리로 듣는 재주가 있다.

금세 보였다가 사라지는, 시시한 미스터리를 믿지 않겠다는 표정으로 비웃었다. 그날 이후로 내 이름이 비어 있는 추억이 하나 생겼다. 유령의 장난은 억울하게도 누명을 주었다. 겁쟁이는 모두 유령이었기 때문에, 야영장에 없는 발목은 모두 신발을 신지 않고, 계곡 길을 올랐다. 텐트가 무너질 만큼 비가 내리면 무너진 산장 속에서 두 번째 야영을 한다.

가 보지 못한 공동묘지에 잊어버렸던 이름들이 단단하게 세워져 있다. 우리 중, 가장 먼저 계곡의 찬물에서 발을 뺀 것도 나였다고 말할 순 없다. 의리는 비밀을 지키고, 비밀은 우리를 음모로 빠트렸다. 부근에는 새떼들의 울음소리가 점점 커져갔다. 호루라기 부는 유령들이 저기에서, 캠프파이어 한다.

* 유디트 헤르만의 소설. 마틴 짚킨스 감독이 연출한 동명 영화의 원작.

○

　　　제가 늘 시에서 중요하게 생각하는 수위가 '모호함'인 데요. 대다수 많은 사람은 이 모호함을 부정적으로 생각해요. 저도 그래요. 그럼에도 '모호함'이 실재하는 높이이자 깊이인 것들이 있다고 생각했어요. 그래서 눈에 띄지 못해 어디선가 호명 받지 못하고, 그 자체로 희미해져가는 소년에 늘 연민을 가지고 있었어요. 그게 저라고 생각했기 때문인 것 같아요. 이 시는 있는 것같이, 혹은 없는 것같이 존재하는 불안감으로 썼어요. 그 불안감에 맞서는 것이 용감함인지, 그 세계에서 도망쳐야만 하는지 헷갈렸던 것 같아요. 이 헷갈림은 소년을 호명하는 제 세계에 대한 확신을 갖지 못해서 나온 것 같아요. 우리는 모호하다고 말하는 것들을 나쁘다고 해서는 안돼요. 그 모호함에서 피어나게 될 많은 것들도 볼 수 있어야 해요.

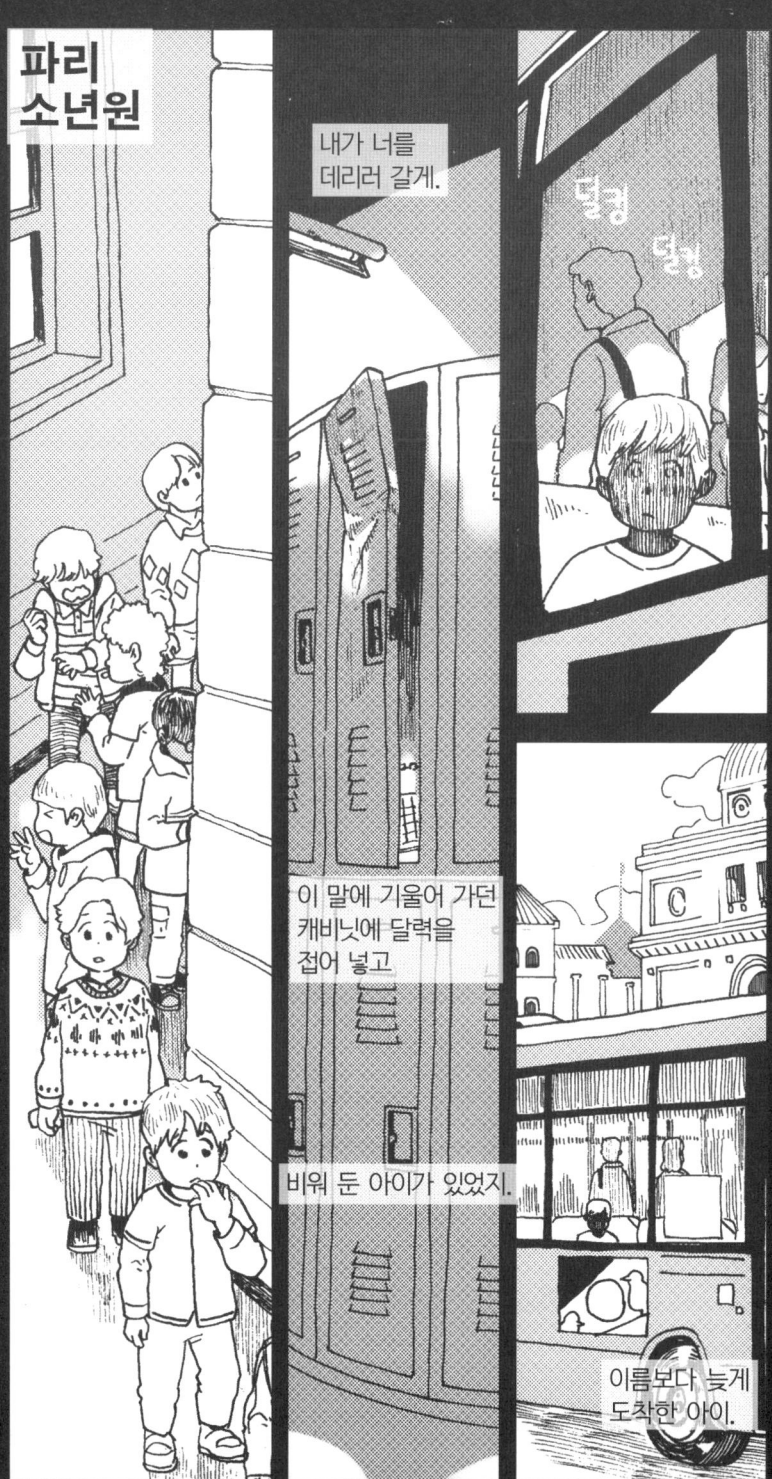

창밖으로 관측되는
전신주를 보며

에펠탑이라고
불렀지.

창문은 있지만
날씨는 알 수 없는
세계에서

천장만 뚫어지게
쳐다보던 아이.

굽은 등이 오븐 앞의 빵
반죽처럼 촉촉했던 아이.

대답을 잘하면 나갈 수 있다고 해서,
좋아하는 말을 해 줄수록
자신을 분실하던 아이.

그런 너를 데리러 갈게.

긴 복도를 사이에 두고 하나의 전신주를 보던
아이들을 자주 지나치던 것은 내일.

달라질까,

어제 똑같아서
구부러지던 너희들은

결코
부러지진 않았지.

그게 너희들의 내일에 도착한 사람이라면 어떤 어른이지.

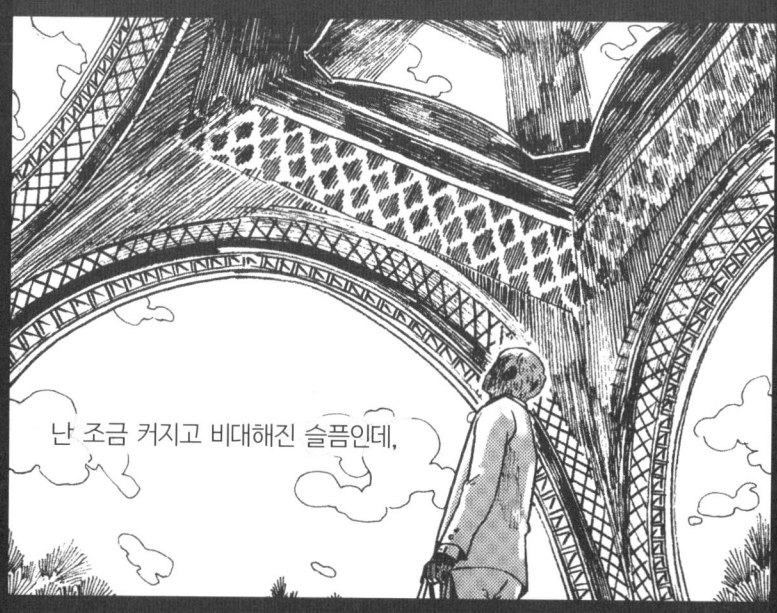

난 조금 커지고 비대해진 슬픔인데,

내가 두고 온 나는 너희 모두일까.

이름이 오버로크 되지 않은 체육복들만 펄럭인다.

파리소년원

　내가 너를 데리러 갈게. 이 말에 기울어 가던 캐비닛에 달력을 접어 넣고 비워 둔 아이가 있었지. 이름보다 늦게 도착한 아이. 창밖으로 관측되는 전신주를 보며 에펠탑이라고 불렀지. 창문은 있지만 날씨는 알 수 없는 세계에서 천장만 뚫어지게 쳐다보던 아이. 굽은 등이 오븐 앞의 빵 반죽처럼 촉촉했던 아이. 대답을 잘하면 나갈 수 있다고 해서, 좋아하는 말을 해 줄수록 자신을 분실하던 아이. 그런 너를 데리러 갈게. 긴 복도를 사이에 두고 하나의 전신주를 보던 아이들을 자주 지나치던 것은 내일. 달라질까, 어제와 똑같아서 구부러지던 너희들은 결코 부러지진 않았지. 또 올 것처럼 인사했다가 오지 않는 사람들의 표정을 배우고 서로 약속은 하지 않는 것, 유일한 놀이는 이곳에 가둔 사람이 다시 데리러 올 것이라는 약속이었지. 반성으로 지워진 날엔 이름도 적지 못한 빈칸으로 빼곡했던 일기, 모두 창밖으로 바라보는 에펠탑 앞에서 두 팔 벌리고 기다리는 사람이 있어, 그게 너희들의 내일에 도착한 사람이라면 어떤 어른이지, 난 조금 커지고 비대해진 슬픔인데, 내가 두고 온 나는 너희 모두일까. 이름이 오버로크 되지 않은 체육복들만 펄럭인다.

◐ 　　　이름을 불러주고 싶다는 막연한 생각이 들기 시작하면서 시에 소년 화자가 자주 등장했어요. 소년은 그것만으로도 자기가 실존하고 있음을 깨닫고, 이름의 온도에서 마음을 알아차리는 연약한 존재이기 때문이죠. 다양한 소년을 호명했지만 이 시는 제 안의 소년을 한꺼번에 불러오는 작업이었어요. 어쭙잖게 지금의 제가 살면서 깨달은 것을 조금 알려주고 싶고, '아이'에 머물렀을 때 느꼈던 감정을 다시 복원하면서 끝내 '어른'으로의 완성을 두려워하는 존재, 그게 현재의 저인 것 같아요. 제가 저의 첫 시집에서 호명하는 소년, 동생은 대체로 그런 작업이 아닐까 싶어요. 두려워하는 것들이 모두 어린 나였고, 그것을 구해야 하는 지금의 나의 대화 같은 것이랄까요?

희디
흰

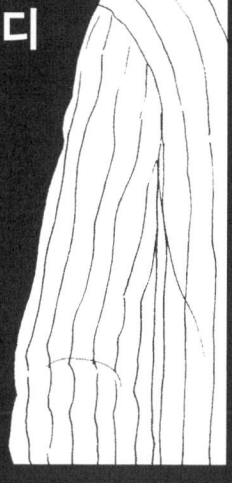

흰 옷을 입고 있었다

어떤 얼룩을 기다리는 것처럼 조용하게

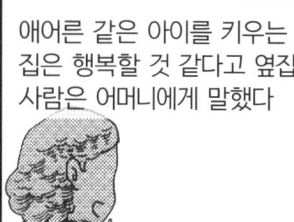

애어른 같은 아이를 키우는 집은 행복할 것 같다고 옆집 사람은 어머니에게 말했다

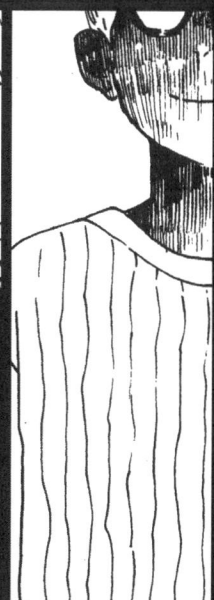

공사장에 다녀온 사람은 불을 끄고 잠이 들었다

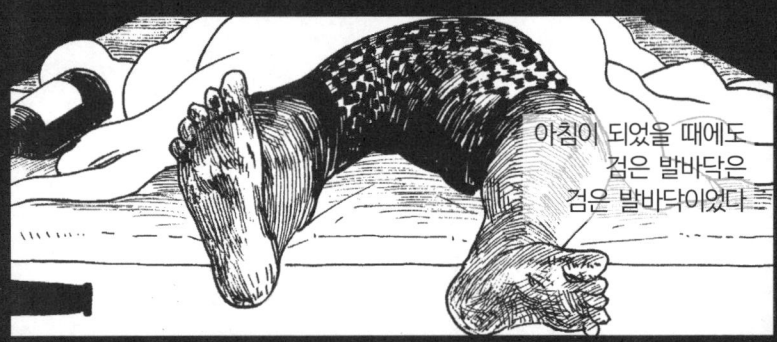

아침이 되었을 때에도 검은 발바닥은 검은 발바닥이었다

더러워도
더럽다고 할 수 없었다

팔레트의 굳은 물감

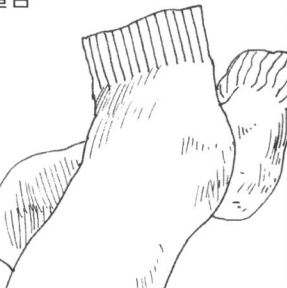
두 번째 신는 흰 양말

마른 빨래를 개키던 어머니를 돕고

하고 싶은 말을 삼키며
조용히 책도 읽었다
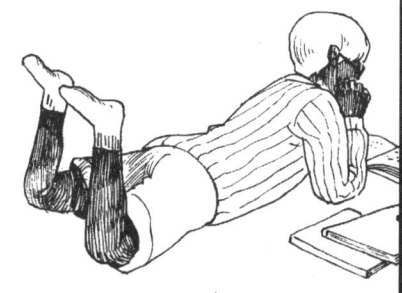

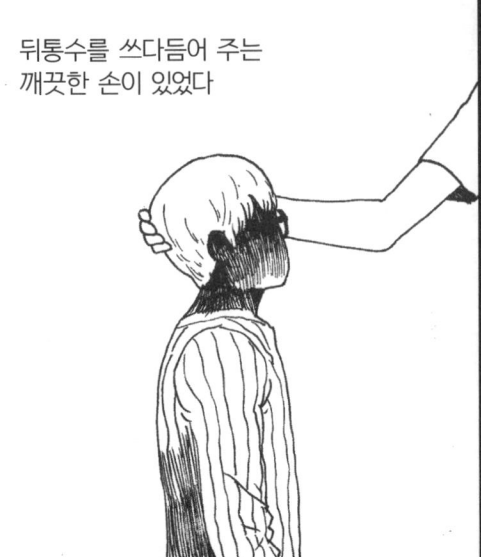

뒤통수를 쓰다듬어 주는
깨끗한 손이 있었다

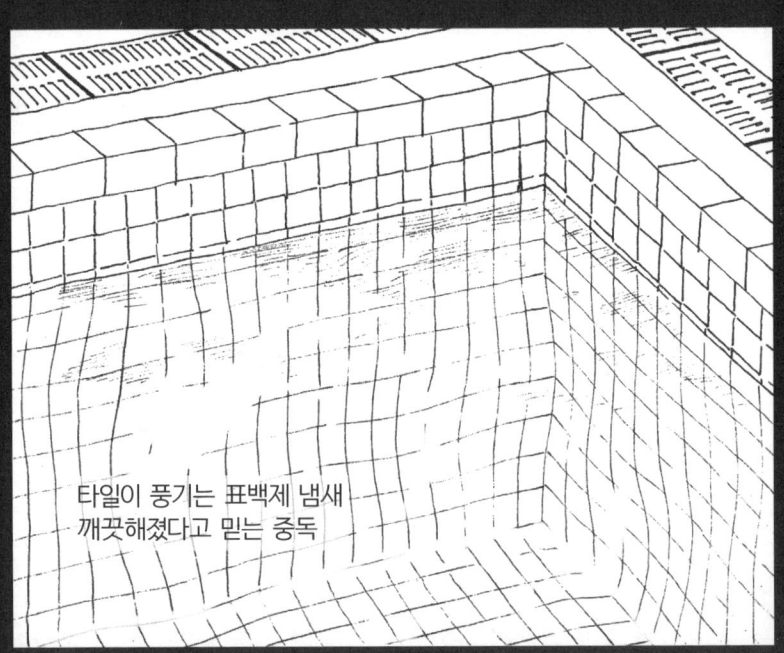

타일이 풍기는 표백제 냄새
깨끗해졌다고 믿는 중독

자꾸 생각나지 않을 때마다
나는 병에 걸렸다

흰 색을 잃어 가는
여전히 흰 옷 같은
나의 세포

나에게 묻은 것들이 무엇인지
보호하는 이 깨끗한 색으로부터

나는 가장 위험했다

희디흰

흰 옷을 입고 있었다
어떤 얼룩을 기다리는 것처럼 조용하게

애어른 같은 아이를 키우는 집은 행복할 것 같다고 옆집 사람은 어머니에게 말했다

공사장에 다녀온 사람은 불을 끄고 잠이 들었다 아침이 되었을 때에도 검은 발바닥은 검은 발바닥이었다 더러워도 더럽다고 할 수 없었다

팔레트의 굳은 물감
두 번째 신는 흰 양말

마른 빨래를 개키던 어머니를 돕고, 하고 싶은 말을 삼키며 조용히 책도 읽었다 뒤통수를 쓰다듬어 주는 깨끗한 손이 있었다

타일이 풍기는 표백제 냄새
깨끗해졌다고 믿는 중독

그의 발바닥을 그렸다 검은 생각들이었기 때문에 깊은 밤

속에 파묻혀 아버지가 화가였으면 좋겠다고 생각했다 지우
는 일만 하던 어머니의 표백된 얼굴이

    자꾸 생각나지 않을 때마다 나는 병에 걸렸다
    흰 색을 잃어 가는 여전히 흰 옷 같은 나의 세포

    나에게 묻은 것들이 무엇인지
    보호하는 이 깨끗한 색으로부터
    나는 가장 위험했다

○

　　　　저는 어릴 때 외로움을 많이 타는 아이였어요. 원하는 걸 칭얼대지 않아야 한다는 강박에 휩싸인 애어른이었다고 해야 할까요? 하루는 친구들이 쓰던 30색 볼펜 세트가 너무 가지고 싶은데, 그런 걸 사달라고 말하는 건 나답지 않은 거라고 생각했어요. 오랜만에 놀러온 외삼촌에게 부탁하고 다음 날 밤늦게 들어온 삼촌 가방에서 볼펜 세트를 꺼내든 기억이 아직도 생생해요. 부모님이 맞벌이를 하셨는데, 친구들이 집에 놀러오면 몰래 시계 시침을 앞으로 돌려놓고, 친구를 보내려고 하지 않았던 어린 아이였지만요. 애답지 않게 굴어야 한다는 생각을 늘 가지고 있었던 것 같아요. 어릴 때 저 스스로를 검열하고 억압했던 것이 독립하면서 다른 방식으로 많이 작용했어요. 아주 늦은 사춘기처럼요. 그때의 머뭇거림, 조심스러움은 그때의 칭찬이 될 수 있었지만 어쩌면 지금의 저에게는 위험한 것이 아닐까 하는 생각이 들어요.

우리는 아직 아무도 데리러 오지 않은 동생

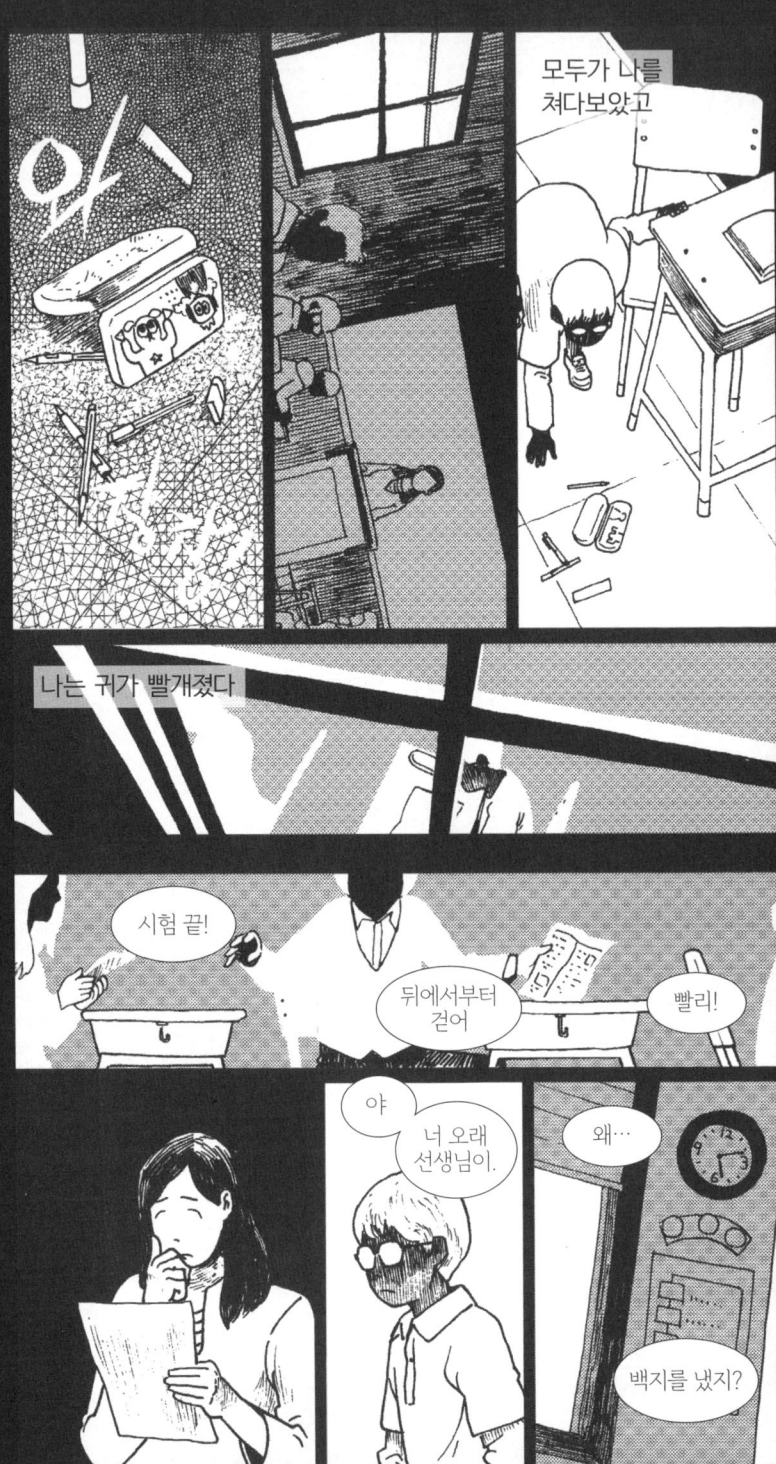

간밤에 깎은 연필들이 부러졌다
아무것도 적을 수 없는 흰 종이 앞

화분에서 길 잃은 꽃말처럼
나는 나의 이름을 외웠다

3.

내가 자주 가는 연못엔
아무도 오지 않았다.

내가 자주 오던 연못이었다

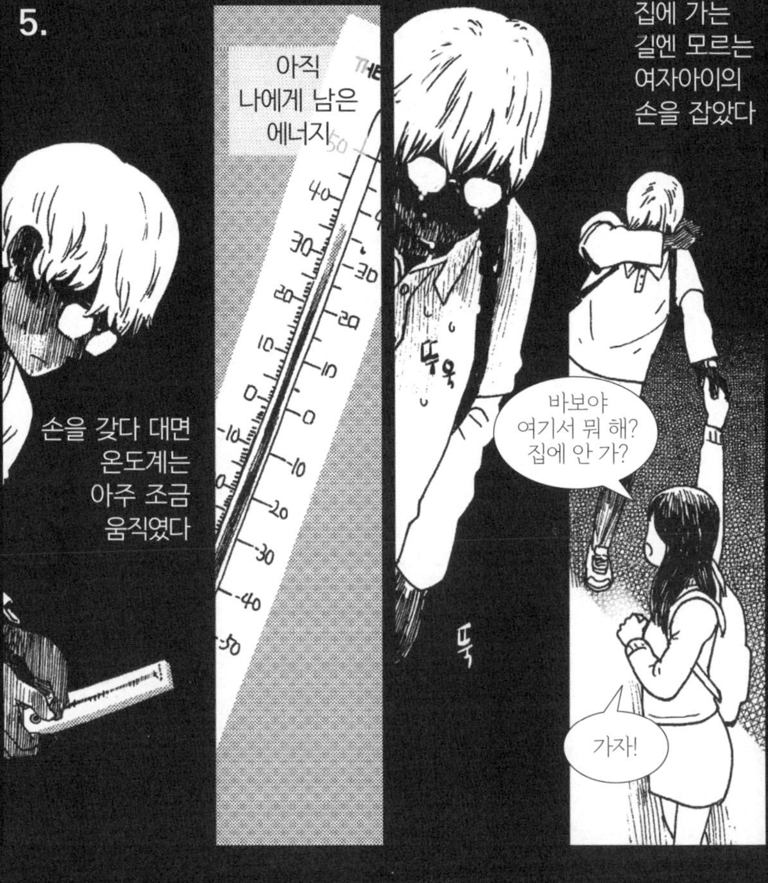

빨개진 귀는 누가 물들이는 걸까

두 뺨 붉게 달아오르는
나란한 거리에서
발생된 체온

6.

나는 어느 누구의 모든 동생처럼

책상 밑에 숨는,

아직은 작고 연약해서

미안.

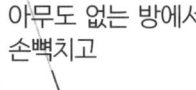

숨은 적 없이 숨어 있게 된 방 안

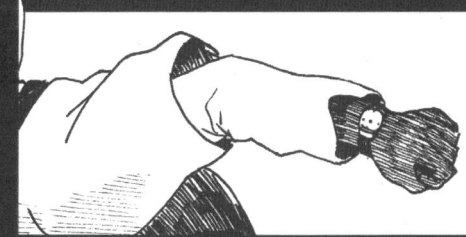

죽은 손목시계는
멋으로 차고

고장 난 태엽을 돌리며
나는 오랫동안
나를 맴돌았다

7.

연못 속으로 뛰어들었다 아무것도
입지도 벗지도 않은 채 낱낱이

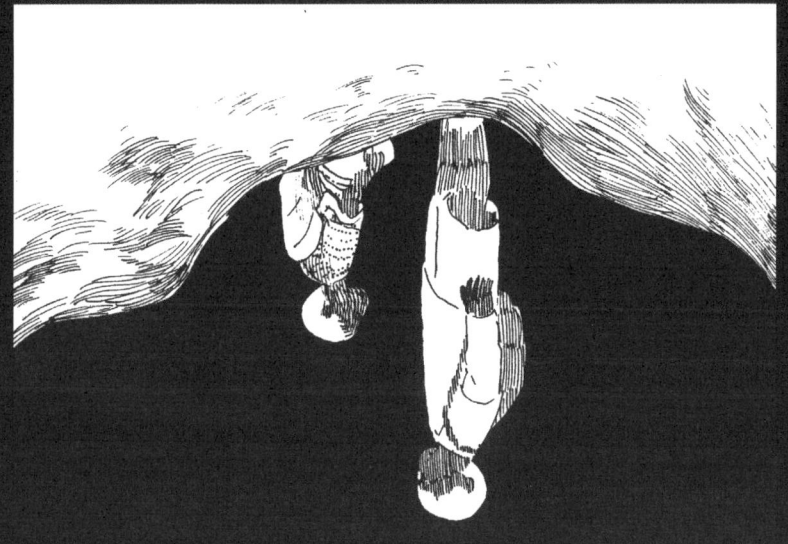

나의 연못에 온 첫 손님이었다

나의 연못

1.
우리는 아직 아무도 데리러 오지 않은 동생

2.
고요한 교실
투명한 햇빛에 흩날리는 먼지 바라보다
철제 필통을 떨어뜨렸다

모두가 나를 쳐다보았고
나는 귀가 빨개졌다

간밤에 깎은 연필들이 부러졌다
아무것도 적을 수 없는 흰 종이 앞
화분에서 길 잃은 꽃말처럼
나는 나의 이름을 외웠다

3.
내가 자주 가는 연못엔
아무도 오지 않았다

물방개 튀어 오르고 발을 담가도 혼나지 않을 깊이, 연못을

잊은 사람들은 오랜 잠수시합을 하고 있거나 저수지에 갔을까 바다가 되기엔 담가야 할 발목들이 부족한 이곳은

  내가 자주 오던 연못이었다

  4.
  눈에 흰 천을 두르고 숨바꼭질했다
  아이들이 손뼉 치며 여기야, 아니 저쪽이야
  귓속말로 내게 바람처럼 불어왔다

  손으로 만질 수 있었다 술래가 바뀔 차례인데 방 안엔 아무도 없었다 문은 언제나 열려 있었다
  다만 아무도 들어오지 않았을 뿐

  5.
  손을 갖다 대면 온도계는 아주 조금 움직였다
  아직 나에게 남은 에너지

  집에 가는 길엔 모르는 여자아이의 손을 잡았다 빨개진 귀는 누가 물들이는 걸까 두 뺨 붉게 달아오르는 나란한 거리에서 발생된 체온

6.
나는 어느 누구의 모든 동생처럼
책상 밑에 숨는, 아직은 작고 연약해서
이불이 너무 커 밤새 이불 밖을 나오지 못했다
창문 밖에 나를 데리러 올 사람이 있어
연못처럼 조용한 성격에
내일의 연필을 깎아 줄 수 있는 솜씨를 지닌
아무도 없는 방에서 손뼉 치고
여기야, 바로 여기에 있어
숨은 적 없이 숨어 있게 된 방 안
죽은 손목시계는 멋으로 차고
고장 난 태엽을 돌리며 나는 오랫동안
나를 맴돌았다

7.
초인종 누르지 않고도 찾아드는 은인들에게

연못이 바다보다 더 어려운 둘레라는 것을
설명하지 못하고 굳어 갈 때

풀이 죽은 동생이

죽은 따옴표로 흰 접시를 채웠다
밥을 먹을수록 말수가 사라지는 동생
이 병신아
소리 없이 우는 건 누가 알려 줬냐고

멱살을 흔들던 그림자가
연못 속으로 뛰어들었다 아무것도
입지도 벗지도 않은 채 낱낱이

나의 연못에 온 첫 손님이었다

○

　　　　내가 가진 나약한 힘을 재보고, 그 힘으로 무엇을 할 수 있는지 찾아가는 과정을 그린 것 같아요. 연못이라는 공간이 가지는 얄팍하고 연약한 세계가 사실은 쉽사리 생긴 것은 아니라는 걸 깨닫는 순간부터, 이 에너지로 무언가를 해볼 수 있는, 어쩌면 더 큰 일을 해낼지 모른다는 막연한 예감에 휩싸였던 것 같아요. 어릴 때 저는 제 동생에게 엄마, 아빠, 형의 역할을 골고루 해야 했어요. 이 시는 제 친동생에게서 저를 보고, 저에게서 친동생을 맞이하는 시였던 것 같아요. 그게 우리라서, 우리밖에 되지 못해서 항상 슬픔이 맺혀 있는 작품이에요.

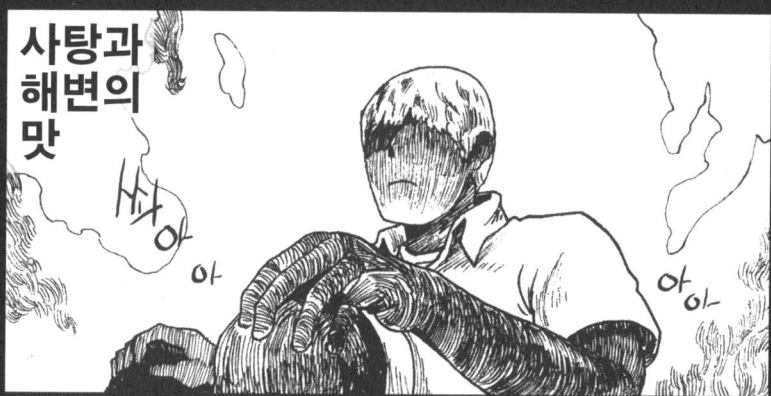

해변에 버려진 것 중엔

내가 가장 쓸모 있었다

우리의 수도는
어느 쪽이었을까

한 뼘의 파라솔이
그늘을 짓고 우리는

통째로 두고 간
유실물로 남겨져

하나의 관광지를 이룬다

바다가 범람하는 세계에서
너는 고작
오리발이었어

사탕이 녹을 때까지만
출렁이는 해변에서 나는

말라 가지 않는 헤엄을 배워

옷소매의 끝엔 해변이 있어

안간힘을 다해서

서툰 세수와 훔친 눈물로 적셔 놓은

사탕과 해변의 맛

해변에 버려진 것 중엔 내가 가장 쓸모 있었다
버려진 사람들이 잃은 것을 대신해 다시
버려진 사람을 줍는 세계에서
우리의 수도는 어느 쪽이었을까
한 뼘의 파라솔이 그늘을 짓고 우리는
통째로 두고 간 유실물로 남겨져
하나의 관광지를 이룬다

파도의 디저트가 되네 하나밖에 모르는 맛으로 사탕처럼 둥글게 앉아 녹아 가는 연인들
철썩이는 파도가 핥아 가네
발가락부터 녹으며 조금씩 둘레를 잃어 가는 사랑이여
사랑한다는 말을 남발하던 연인들이 전투적으로 질투하고 비로소 세계는 달콤해지고 온화해지네

해변이라는 말을 좋아해

물에 젖는 건 싫어하지만 햇볕이 남아 있는 단어들은 아껴 먹으려고 남겨 둔 사탕 같은 것

내가 먹어본 사탕 중엔 네가 제일 별로였어

너처럼이라는 직유가 가진
설탕과 소금 사이의 결정체

네 말에 끈적끈적해진 나는
입안의 상처들을 혀로 만지작거리며 피가 달다고 생각했
다 달콤함을 모르고 조금씩 사라져 간다

바다가 범람하는 세계에서
너는 고작
오리발이었어

옷소매의 끝엔 해변이 있어
서툰 세수와 훔친 눈물로 적셔 놓은
사탕이 녹을 때까지만 출렁이는 해변에서 나는
말라 가지 않는 헤엄을 배워

안간힘을 다해서

◐

　　　제가 생각하는 연애는 아직 저 자신밖에 모르는, 그러니까 연애를 거의 모른다고 해도 과언이 아닌 것 같아요. 아직은 제 안의 제가 너무 크고, 제가 비좁다는 생각이 들어요. 이 시는 사랑이라는 말로 연인의 이야기를 하고 있는 것 같지만 이 시를 쓸 땐 사람 관계에 대해 고심했던 것 같아요. 어쩌면 저는 모든 사람에게 사랑의 감정을 느끼는 것 같아요. 연애를 꼭 남녀 간의 사랑이 아니라, 내가 보내고 있는 한 시절에 속해 있는 것들에 대한 열렬한 열망 같은 것을 사랑으로 인식했던 것 같아요. 물론 지금은 조금 다르지만요. 이 시를 적확하게 비유하자면 사탕을 먹다가 혀가 베이는 그런 것이에요. 달콤하지만 달콤함을 가지기 위해서는 상처를 내야 하는 숙명 같은 거랄까요. 일종의 제로섬 게임이죠. 제게 연애는 늘 그런 것이었어요.

전적에 무승부가 기록된 이력이 없다.

야!

왜?

어제 경기 우리가 졌나? 이겼냐?

승부는 두 가지로 나누는데,

어…

모르는 것과 지는 것이 있다.

몰라.

졌잖아 등신아.

근데 왜 물어 미친놈아!

야! 나와봐! 큰일 났어!

하나만 잘해도 되는 세상.

라이벌들은 우리를 수군거렸다.

그 안경 쓴 놈들 짓 아니야!

미친! 누가 골대를 뽑아가냐

탐정을 고용하자!

와… 이제 축구 어디서 하냐…

유일하게 제대로 된 경기장이었는데

여~ 보육원 한판 하자.

어? 골대 없네?

곁눈질하며 골대를 뽑아 가기도 했다.

너네들이 훔쳐 간 거 아니야?

설마…

그랬으면 여길 왔겠냐?

나 축구할 수 있는 데 알아

정말?

질투는 우리를 훈련시켰다.

삼촌이 미니 축구장 하는데

지금 같은 시간에는 손님 없거든.

2시간 정도? 손님 오면 나가면 돼

우아 진짜 너 대박이다! 부러워~

가끔 공짜로 쓸 수 있어.

팀 조끼도 있다 킥킥.

나는 심판.

야! 넌 안 해? 축구?

고아축구단

해가 지면 승부차기도 진다.

우리는 운동장에 모여 공을 찬다. 살가운 종아리들을 부대끼며, 그라운드를 누빈다. 경기에 졌으니 배는 물로 채우는 것이 당연하다. 열 손가락 넘게 준 실점은 우리에게 장래희망을 주었다.

우천 경기에는 마중 나오는 사람이 없다. 관중도 없이, 언제나 우리는 뒷골목에서 유괴한 공을 찬다. 흙탕물을 튀기며 코너킥을 날린다. 아무도 헤딩 할 줄 모른다. 쓰다듬어 준 적이 없어 쓸 줄 모르는 머리통들.

우리는 빨아서 널어 본 적 없는 옷을 유니폼으로 입는다. 우리의 얼룩은 축구단 엠블럼이다. 엉덩이에서도 본 적이 있는데, 누가 물려준 건지 알 수 없는 마크를 똑같이 나눈 적이 있나. 경기마다 공정한 호루라기 소리를 들을 수 있는 청력이 생겼다.

전적에 무승부가 기록된 이력이 없다. 승부는 두 가지로 나누는데, 모르는 것과 지는 것이 있다. 하나만 잘해도 되는 세상. 라이벌들은 우리를 수군거렸다. 곁눈질하며 골대를 뽑아

가기도 했다. 질투는 우리를 훈련시켰다.

 골목의 유소년 축구단이 몰려오면, 우리는 자꾸 얼룩이 생긴다. 손바닥을 모으고 구호를 외친다. 서로 모르는 이름을 섞어 지르는 비명. 승부의 좋은 징후를 가져다줄 것이라고 믿는.

 우리는 손발이 잘 맞는 용병들.

○
　　　　　신기해요. 그 많은 기억이 운동장에서 시작했다는 게.
막상 잘 하는 것도 없으면서 운동장을 서성이며 하나의 무리가 되었다
는 게.
요즘 학교 운동장은 휑한데, 우리가 학교를 다닐 땐 운동장에 남아서
무엇이든 했어요. 흙을 만지는 일도 재밌었어요. 제가 처음 소년에 대
한 생각을 할 때에도 운동장이었어요. 그리고 축구하는 몇몇 어린 친
구들을 보았던 것 같아요. 마치 돌아갈 곳이 없는 사람들처럼 운동장
을 헤집는 무모함과 몰입된 상황을 저 역시도 경험해봤기 때문에, 시
로 써볼 수 있었어요.

골을 넣고 싶은데, 내 말을 듣지 않는 친구들.

우리는 축구를 하는 것이 아니라 사회를 배운다.

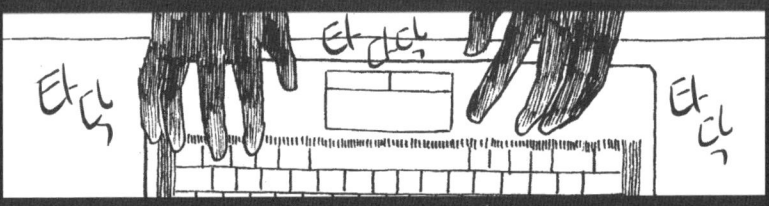

과학적인 스포츠를 실종시킨 후,
이제부터 우리가 규칙을 만들어 가는 것이다.

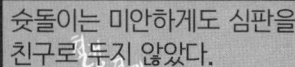

오심
— 고아축구단을 위한 선언

여기는 지금 오프사이드.

친구들이 숫자에 맞춰 놀고 있을 때, 나는 뒤늦게 그들의 뒤통수를 본다. 깍두기가 되기 싫어 심판이 되었다. 정해진 규칙 없어도 같이 땀을 흘리며 놀고 있다는 혼자만의 기분으로. 필드에 이탈한 몸이 무거워질 때마다 나는 선언할 수 없다. 내가 심판이 된 것은 반칙이라고.

골을 넣고 싶은데, 내 말을 듣지 않는 친구들. 우리는 축구를 하는 것이 아니라 사회를 배운다. 과학적인 스포츠를 실종시킨 후, 이제부터 우리가 규칙을 만들어 가는 것이다. 내 기분을 생각해주지 않는 페어플레이. 골키퍼 다음 내가 제일 억울한 판정을 받았다.

집에 돌아가 늦게 왔다고 타박 받으며 저녁밥 먹는 일. 해본 사람만 안다는 땀으로 먹는 밥맛, 꿀맛이라며 엄지손가락을 추켜들 줄 아는 것. 오늘 친구들과 축구를 했어요. 포지션이 뭐였니? 아빠의 관심거리는 제일 잘나가는 친구들만 한다는 스트라이커. 숫돌이는 미안하게도 심판을 친구로 두지 않았다. 나는 늘 밥맛으로 사는데 당도가 부족했다.

내가 내일을 먼저 준비하고 있을 때, 모레 경기를 치루고 있는 친구들. 심판 없이도 세리머니가 튀어 오르는 필드를 서성거릴 동안, 우리는 모두 반칙을 흉내 낸다. 심판이 골 넣으면 누가 헹가래해 주나. 놀이터 세계의 이변이 되기 위해 반칙을 배우려고 하는데

이곳 오프사이드 지역의 전반전은 너무 길다.

○

　　　　비주류, 소외감 같은 것이 제 초창기 시에 등장하는 소년을 이끄는 리더였어요. 이 시가 시집에 실릴 수 없었던 것은 이 시를 썼을 당시의 저 역시 아직 소년이었기 때문인 것 같아요. 소년이어서 소년 이야기를 잘 쓸 수 있는 것을 원한 것이 아니었어요. 시집을, 당시에는 이 소년을 정확하게 바라볼 수 있는 어른이길 바랐으니까요. 축구, 축구장에서 전후반을 나눠 공을 차는 경기가 아니라 공을 차는 곳마다 경기장이 되고, 주운 공이 내 것이 되는 불규칙적인 어린 유년 시절에서 오는 기억의 불시착으로 시들이 쓰인 것 같아요.

해적 소년단은 말했지. 우리를 필요로 하거든 애꾸눈과 몽고반점을 달라. 아니면 우리의 목숨은 백 년 동안 그물에 걸려 본 적 없는 아가미를 가지게 될 테니.

부리를 조아리는 철새들이 뱃머리에 앉았다.

우리는 함께 가는 것이 아니야.

피랍된 미아들.

멀미 정도는 견딜 수 있어요.

빈속은 해적선과 닮아 있었다.

우리가 떠내려갈 수 있으니 밧줄을 사용해 봐요.

젖은 손목과 발목으로 할 수 있는 것,

해적 소년단은 말했지. 우리를 필요로 하거든 애꾸눈과 몽고반점을 달라. 아니면 우리의 목숨은 백 년 동안 그물에 걸려 본 적 없는 아가미를 가지게 될 테니.

부리를 조아리는 철새들이 뱃머리에 앉았다.
우리는 함께 가는 것이 아니야. 피랍된 미아들.
수면 위로 떠오르며 말하는 순간
몽고반점들이 울긋불긋해졌다.

우리와 맞바꿀 것은 무엇인가요?
넓은 수영장이 생겼고 부모가 생겼으니
당신들을 아버지라고 부르고 싶어요.
철새들이 다시 날아가 버렸다.
해적은 우리의 눈동자를 원하는 듯
외눈으로 노려보기 시작했다.

멀미 정도는 견딜 수 있어요.
빈속은 해적선과 닮아 있었다.
우리가 떠내려갈 수 있으니 밧줄을 사용해 봐요.
젖은 손목과 발목으로 할 수 있는 것,
소용없어요. 우린 아무것도 볼 수가 없어요.

솔직한 마음을 헤아리지 못한
해적이 우리에게 총을 겨눠도 무섭지 않았다.
누구를 용서해줄 것인가요?

해적을 낳았던 당신의 부모부터 용서하면
폭풍도 빗겨 나갈 돛. 돛을 올려라.

육지에 닿으면 우리를 놓아줄까요?
놓아줄 몫은 이제 우리에게 있는데,
몰래 잠에서 깨어나 키를 꺾었다.
태어난 미아들을 모집하러 떠나 볼까.
안 돼, 목적지가 생기면 더 이상 해적이 아니야.

배고플 땐 철새를 구워 먹고 해적을 기다리던
미아들을 위해 조난 구호를 외우는 생활
간절한 구원은 그물 밑으로 던져 버렸다.
눈동자가 푸른 염색체를 띄우며 반짝거릴 무렵.

죄와 거짓말엔 늘 비린내가 남지.
이제 죽을 걱정만 하면 된다.
우리도 날씨 걱정을 하며 조금씩 떠오르면 된다.

○

　　　　군대에서 많은 어른들을 만나면서 저는 저의 소년과 어른의 관계를 명확하게 구분하기 시작했어요. 다만 이 시가 시집에 실리지 못한 것은 '어른=해적'이라고 악역이란 역할을 너무 당연하게 줬다는 것이에요. 소년은 인질이고 불쌍하고 어른의 쓸모에 대해 존재하기만 한 그런 이미지로 그린 것이었어요. 그렇지만 소년과 어른의 관계성을 처음 만들기 시작한 시였고 거짓말, 날씨 걱정, 조난 구호, 생활 같은 단어는 제 정체성에 오래 머무른 것이기 때문에 이 시가 그것들을 처음 낚아 올린 것이라고 볼 수 있을 것 같아요.

전쟁을 상상했어요

죽는 것이 사는 방법이라는 말, 창문 하나에

역설적인 온도에는 누가 관여하나요?

어디에도 없는 실내는 오로지 사람일까요?

질문이 많아 죄송합니다

선생님을 오래 기다리게 만들어서… 면목 없습니다

저 같은 사람에겐 머플러를 선물하고 싶어요 목젖을 녹일 수 있을 만큼 따뜻한…

그러면서 사랑을 고백하는 거죠 체온은 상납하기 쉬운 마음이잖아요

그러니까… 선생님, 제가 하고 싶은 말을 선생님은 아시죠?

모든 걸 다 아는 사람이잖아요 모르는 걸 모를 뿐이라고, 선생님이 그러셨잖아요

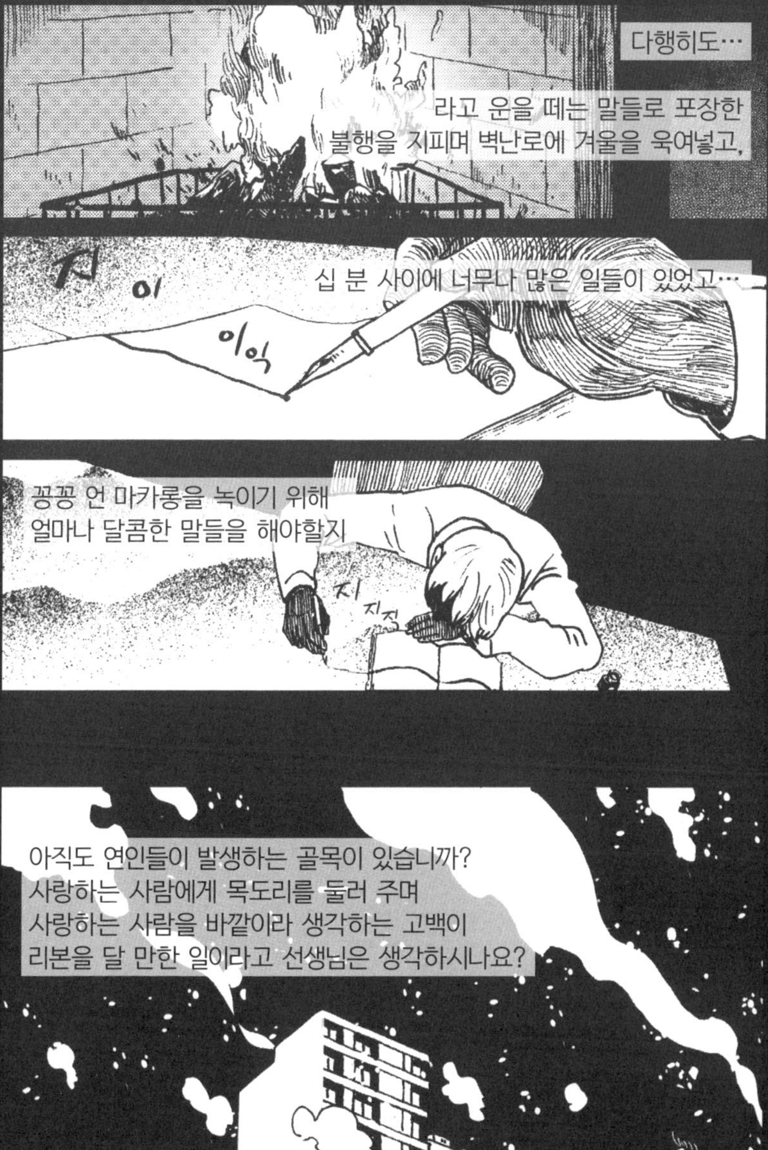

다행히도…
라고 운을 떼는 말들로 포장한
불행을 지피며 벽난로에 겨울을 욱여넣고,

십 분 사이에 너무나 많은 일들이 있었고…

꽁꽁 언 마카롱을 녹이기 위해
얼마나 달콤한 말들을 해야할지

아직도 연인들이 발생하는 골목이 있습니까?
사랑하는 사람에게 목도리를 둘러 주며
사랑하는 사람을 바깥이라 생각하는 고백이
리본을 달 만한 일이라고 선생님은 생각하시나요?

귀찮은 제 질문들이 행여나 선생님의
안경을 뿌옇게 만들지도 모르겠습니다
급해지는 건 시계가 아니라
시계를 찬 사람들임을

"선생님 이번에 들어온 선물들 입니다."

"거기 놓게."

선생님,
꽁꽁 언 마카롱을 녹일 만한
그런 따옴표를 줍고 싶습니다만

홀로 집에 가는 그 길에서 다시 찾아뵙겠습니다

설령 비가 오는 날이더라도
끝끝내 모르는 척 해 주십시오.
일기예보가 틀려도
살아 낼 수 있는 십 분이
제게도 생긴다면

"마카롱 이라…"

안녕히, 또 안녕히

부디 묵례하며
지나칠 수 있는
밤의 세계에서

"차갑군…"

거장

우리는 만난 적도 없는데 헤어지기 바쁩니다 이름 불러 준 적 있는데도 생각나는 게 향기뿐인 사람처럼 선생님, 십 분 정도 늦을 것 같습니다

………에게. 이름보다 먼저 도착한 엽서를 샀습니다 벌거벗은 소년이 피리를 부는 삽화가 그려진……… 선생님, 요즘 건강은 어떠신가요? 교차로엔 움직이지 않는 차들이 많습니다

죄송하지만 십 분 정도 늦을 것 같습니다

이미 사라지고 없는 사람의 뼈를 붙잡고 말하는 것 같았습니다 그날 밤 기분은요 탁자에 걸터앉아 모질게 의자를 바라보았어요 선생님이 편하신 곳에서 봬요

같은 커피를 마시고 다른 카페인으로 뒤척이는 카페에 들어가 계신다면……
창가에서 선생님을 한눈에 알아볼 수 있을지도 몰라요

전쟁을 상상했어요 죽는 것이 사는 방법이라는 말, 창문 하나에 역설적인 온도에는 누가 관여하나요? 어디에도 없는 실내는 오로지 사람일까요?

질문이 많아 죄송합니다
　선생님을 오래 기다리게 만들어서…… 면목 없습니다 저 같은 사람에겐 머플러를 선물하고 싶어요 목젖을 녹일 수 있을 만큼 따뜻한…… 그러면서 사랑을 고백하는 거죠 체온은 상납하기 쉬운 마음이잖아요

　그러니까…… 선생님, 제가 하고 싶은 말을 선생님은 아시죠? 모든 걸 다 아는 사람이잖아요 모르는 걸 모를 뿐이라고, 선생님이 그러셨잖아요

　거의 도착했습니다 방금 첫눈을 맞았어요
　꽃다발을 사려고 했는데 마카롱을 삽니다

　선생님은 말해 줄 수 있을 것 같아서, 뵙자고 했습니다 감당이 안 되는 난파선에서 물 대신 불을 생각하던 날엔, 가여운 밤을 출렁이며 보냈어요

　이제 저 멀리 선생님이 보여요 아주 흐릿하게
　첫눈을 맞고 있는 선생님이 그곳에 서 계셔서

　다행히도……라고 운을 떼는 말들로 포장한 불행을 지피

며 벽난로에 겨울을 욱여넣고, 십 분 사이에 너무나 많은 일들이 있었고…… 꽁꽁 언 마카롱을 녹이기 위해 얼마나 달콤한 말들을 해야 할지

   아직도 연인들이 발생하는 골목이 있습니까?
   사랑하는 사람에게 목도리를 둘러주며
   사랑하는 사람을 바깥이라 생각하는 고백이
   리본을 달 만한 일이라고 선생님은 생각하시나요?

   귀찮은 제 질문들이 행여나 선생님의 안경을 뿌옇게 만들지도 모르겠습니다 급해지는 건 시계가 아니라 시계를 찬 사람들임을

   선생님, 꽁꽁 언 마카롱을 녹일 만한
   그런 따옴표를 줍고 싶습니다만
   홀로 집에 가는 그 길에서 다시 찾아뵙겠습니다
   설령 비가 오는 날이더라도
   끝끝내 모르는 척 해 주십시오 일기예보가 틀려도
   살아 낼 수 있는 십 분이 제게도 생긴다면
   부디 목례하며 지나칠 수 있는 밤의 세계에서
   안녕히, 또 안녕히

○

　　　서울 연희동엔 작가들이 입주해 몇 개월 살면서 집필 활동을 할 수 있는 연희문학창작촌이 있어요. 저는 2014년 겨울에 입주해 3개월 동안 작품을 썼어요. 동시에 대학교 마지막 학기를 다녔어요. 끝날 무렵이라서, 끝나가는 소회를 말하고 싶었어요. 그런데 그게 끝이 아니라는 것도 잘 알았거든요. 저의 이 칭얼거림을 잘 들어줄 사람은 선생님밖에 없다고 생각했어요. 한 사람의 선생님이 아니라, 여러 선생님의 얼굴을 하고 있는 사람에게 편지를 쓰듯 썼어요. 따뜻한 창작촌 방 안에서 이 시를 다 쓰고 탈진하듯 누워 하루 종일 잠들었던 기억이 나요. 처음으로 제가 가진 에너지가 시로 가는 것을 몸소 느꼈던 작품이었어요.

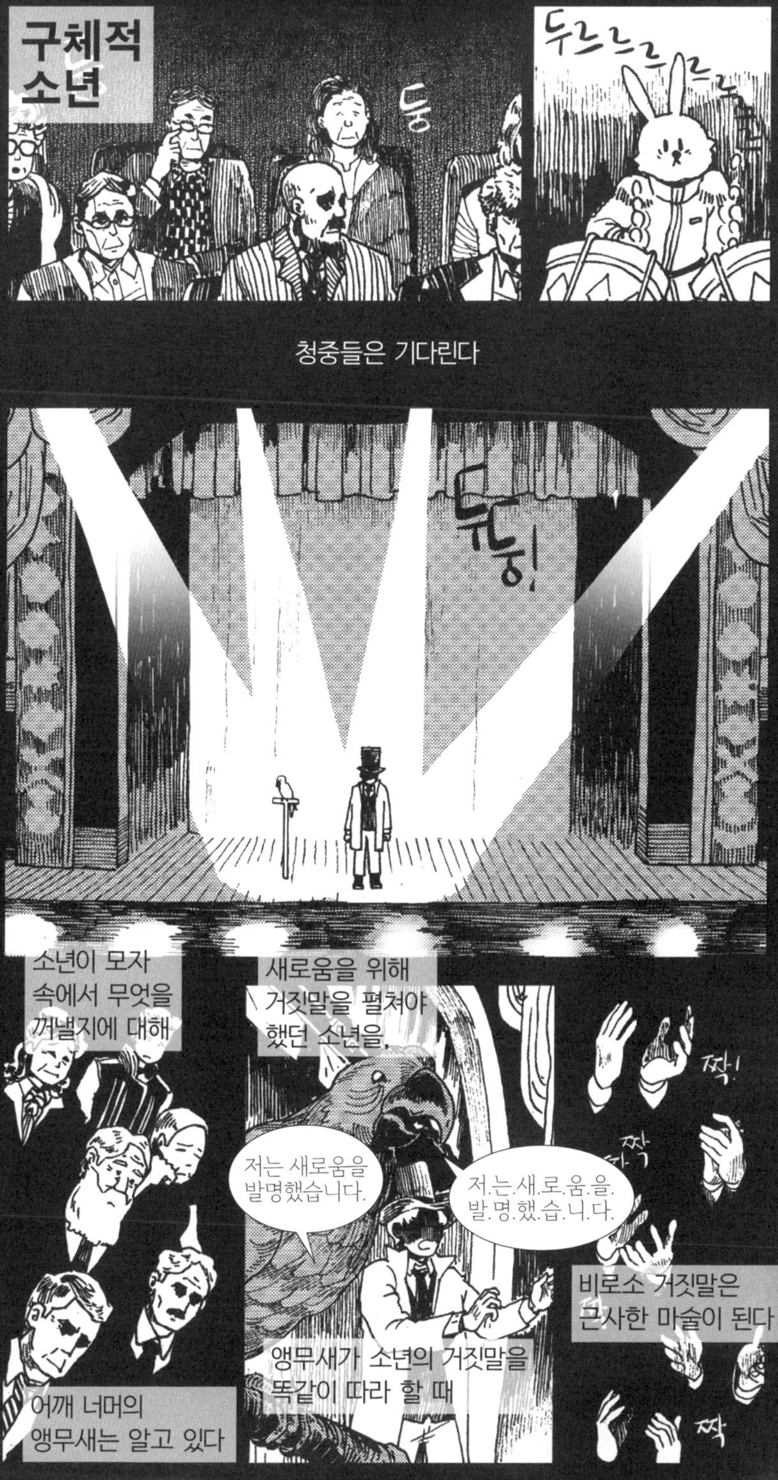

자꾸 새로워지길 원하는 매표소,

거짓말은 노인들에게 암표가 되어 팔려 나갔고,

앵무새 없인 할 수 없는 마술에 이미 거리를 떠도는 소년들은 모자에 동전을 구걸했다

세계의 모든 고요는

이미 매진이다

소년에겐 더 이상 할 수 있는 침묵이 없다

구체적 소년

청중들은 기다린다 소년이 모자 속에서 무엇을 꺼낼 것인지에 대해 어깨 너머의 앵무새는 알고 있다 새로움을 위해 거짓말을 펼쳐야 했던 소년을, 앵무새가 소년의 거짓말을 똑같이 따라 할 때 비로소 거짓말은 근사한 마술이 된다

사람들은 너무 쉽게 손뼉을 친다 암표를 팔지 않는 공연에서, 소년이 낡은 구두를 벗고, 벗겨진 지팡이를 내려놓는다 예전 사람들에게서 빌려 온 것들을 놓자 이젠 사라질 수 있겠다고

소년은 거짓말을 발명한다 미래의 누군가가 거짓말을 연기하게 될 것, 가장 긴 박수 소리에 외롭지 않을 모험을 건 소년은 일부러 연필을 부러뜨렸다 비둘기를 꺼내는 장면 다음, 토끼를 꺼내는 장면 다음에도 흰색이 필요했기 때문에

찾아 준 청중들에게 바치는 소년의 말과 행동들, 가여운 앵무새는 날개를 잊었고 새로운 거짓말을 배우기엔 이제 늙어 버렸다 조명은 소년 발끝에 걸려 있는데, 어둠 속에서도 청중의 눈동자는 빛났는데, 얼어붙은 손이 꺼낸 것은 파란 장미

자꾸 새로워지길 원하는 매표소, 거짓말은 노인들에게 암

표가 되어 팔려 나갔고, 앵무새 없인 할 수 없는 마술에 이미 거리를 떠도는 소년들은 모자에 동전을 구걸했다 세계의 모든 고요는 이미 매진이다 소년에겐 더 이상 할 수 있는 침묵이 없다

○

　　　　제 스스로 단점이라고 생각하는 것이 하나 있어요. 저를 수많은 사람 속에 있을 때 어떤 모습인지 생각하며 저를 파악하고 인지해나간다는 것이에요. 때로는 단순한 비교나 차이를 두고 폭력적으로 당연하게 인정해버리는 것들이 있어 단점이라고 생각하는데요. 그런 심정으로 썼던 작품이에요. 이 시는 특별하지 않지만 정확한 상황을 제시하면서 제가 가진 세계를 내뱉은 시였다고 생각해요. 이미 우리 시대를 지나가버린 옛것으로부터 다시 새것을 만들어내는 일이 시 쓰는 거라고 생각했어요. 죽여주게 훌륭한 시인들이 너무 많고, 이제 시가 새롭다고 인식되기 어려울 만큼 많은 시인들의 작품이 끊임없이 나오잖아요. 그래서 이 시대에 시를 쓴다는 것이 새로운 것을 발명하는 일이 아니라, 이미 있었던 것 중에 귀한 것을 다시 발견하는 일이라고 생각해서 쓴 시였어요. 이 시의 화자가 소년이어야 했던 건, 어른의 모습으로 이야기를 했을 땐 설득력이 없을 거라고 판단해서 그랬던 것 같아요. 제 덩치만 한 지팡이를 들고, 얼굴을 뒤집을 것 같이 큰 마술 모자를 쓰고 홀로 무대 위에 있는 소년 마술사를 생각하는 것만으로도, 설득력이 생기지 않을까 내심 자신했어요.

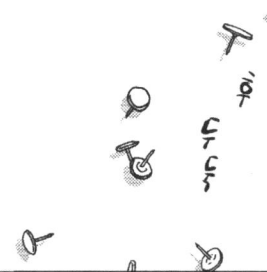

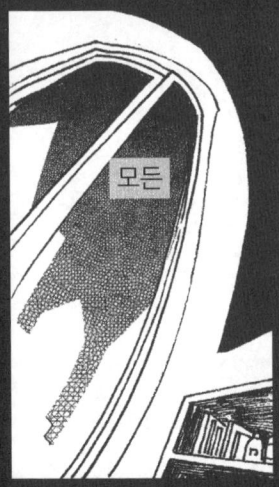
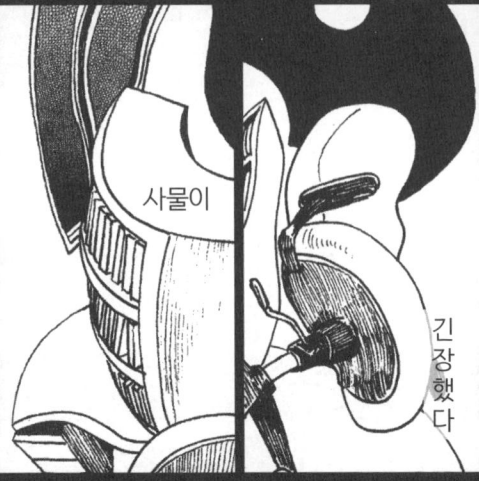

방물관(房物館)

방 안의 모든 압정들이 쏟아진 날, 소년은 움직일 수 없었다 오래전 잠근 문은 전망이 어렵고, 떨어진 세계지도 뒤편은 아무것도 없이 눈부셨다

모든 사물이 긴장했다 자꾸 커지는 발을 숨길 수 없었던 소년, 다치지 않으려고 한 발자국도 움직이지 못했더니 어루만져 준 적 없는 등이 불편해졌고

믿을 것이 바닥밖에 없었던 생일날, 누군가 방문을 열어 줄 것 같다는 예감을 통째로 박제시킨 바깥의 중력들을 관측했다

압정을 밟아 피가 흐르는 최초의 박물관을 빠져나올 수 있을까 소년을 구경하던 모서리가 침묵을 긋고 그 틈으로 쏟아지는 미세한 고요함이 숨죽이고 서 있다

○

　　　　　오랫동안 고시원에서 혼자 살았을 때 자주 있었던 일입니다. 비좁은 방 한 칸에서 움직이지도 주저앉지도 못하는 날들이 있었어요. 그것은 무슨 기분이라고 형용할 수 있을까요? 그럼에도 발을 내딛고 나서야 하는 시간이 있었고, 저는 무사히 그 방을 빠져나왔습니다. 나를 머뭇거리게 만드는 것이 무엇인지 줄곧 생각했어요. 스스로 갇히고 스스로 깨어나는 일로 단련된 감정이 있다고 생각했는데, 단련될 수 없는 감정이었어요. 혼자 있게 되는 공간이면 다시금 방 안의 사물과 대치하게 돼요.

싱그러운 생각을 닦는 노파의 앞치마엔 방금 어떤 얼룩이 도착했습니까?

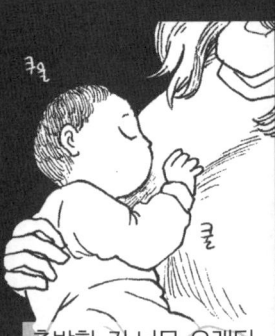

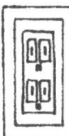 

전압이 다른 두 콘센트에 코드 하나,

길게 늘어뜨려 놓은 전신주와 까마귀들.

누가 먼저 감전되어 떨어집니까?

예감은 국경에 작은 쥐구멍 하나 만들고 버려진 아이를 보내주었습니다

파이프가 아닌 청년들이 근처에서 도처로 데려다주는 밧줄에 타면,

아이는 포로라는 이름에 겨우 앉을 자리 생깁니다

밀입국을 도와줄게

　　발견자와 발명자 중 누가 먼저 잠에 듭니까? 간밤에 국경에 버려진 아이가 있었습니다 깨어나 막 울기 시작했을 때 총성은 잠들고 죽일 수 없는 것, 태어날 수 있는 것 사이엔 잘 꿰어진 바구니만을 필요로 하였습니다 노파는 그 아이를 과일인 줄 알고 데려다 길렀습니다 만화경 속에서 잠이든 팔베개, 저려오는 색깔들 사이에 아이가 가질 수 있는 눈동자 색깔이 없습니다 개미 한 마리가 설탕에 빠졌을 때, 개미에겐 무슨 맛이 납니까? 찻잔과 찻잔 사이의 각설탕은 어떻게 네모가 되었습니까? 몰래 살아낸 포로의 일기를 강독하는 오후, 우아한 포도 알들의 모임처럼 줄기에 그렁그렁 매달린 미치광이들은 책을 읽은 죄로 책이 되었다는데, 싱그러운 생각을 닦는 노파의 앞치마엔 방금 어떤 얼룩이 도착했습니까? 출발한 지 너무 오래된 편지엔 이미 떠벌려진 아이의 비밀들만 사실로 익어 갑니다 전압이 다른 두 콘센트에 코드 하나, 길게 늘어뜨려 놓은 전신주와 까마귀들. 누가 먼저 감전되어 떨어집니까? 예감은 국경에 작은 쥐구멍 하나 만들고 버려진 아이를 보내주었습니다 파이프가 아닌 청년들이 근처에서 도처로 데려다주는 밧줄에 타면, 아이는 포로라는 이름에 겨우 앉을 자리 생깁니다 개미는 설탕인 척, 조금씩 검정색을 잃을 때면 불 꺼진 공장 굴뚝에선 감자 익는 냄새가 납니다 그 냄새를 타고 아이는 뿌리인 척, 줄기인 척 살아 낼 것입니다 국경에서 감자에겐 주인이 없습니다 원산지는 불투명하게 기록되고 노파는 먼 훗날 감자를 주우러 올 것입니다 그게 과일인 줄 아는 까막눈을 두고서

○

　　　　저는 스무 살에 등단을 했고, 그것을 아주 후회해요.
8년이 지난 지금만 본다면 후회할 것도 없지만 등단 후에 겪었던 많은
감정 수모는 다시 반복하고 싶지 않아요. 그 중심에는 외로움이 참 컸
어요. 결코 덜어내려고 해도 덜어지지 않는 감정에 자주 수몰되고 회
복하지 못해서 군대에 가겠다고 결심한 것도 있었어요. 이 시는 비판
하고자 하는 대상이 있었어요. 이 시는 저를 외롭게 만든 사람들에 대
한 원망으로 끼적이기 시작한 작품이에요. 그게 누구인지는 알 수 없
지만요. 사실은…… 알고 있어요.

나는 천사가 유산했던 아이입니다

아기의 이마에 손을 얹으니 나는 내가 되었습니다

커튼 뒤에
숨어 있던 모든
나의 남매들

형아
나 너무
배고파!

야.
그런 걸로
울지 마! 뚝!

지금 밥 되고
있으니까
좀만 참아.

잉...

양말 꿰매던
부모는 맨발로 집을
떠났습니다

기도하자.

하늘에 계신
우리 아버지

당신은 애초에
천사였습니까?

아버지의
이름을 거룩하게
하시며...

나 너무나 평범하게 죽어 가고 있어

겨울이 되면 부모 대신 벽난로에 불을 지폈습니다

나는 이제 당신의 아이가 아닙니다

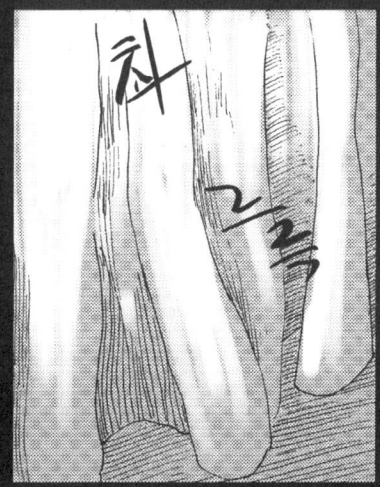

가엾은 허깨비들이 천사를 구직하고 있는 나라에서

풍선 같은 젖을 빨며 허파만 자라던

나의 남매들 누구에게 청구해야 합니까?

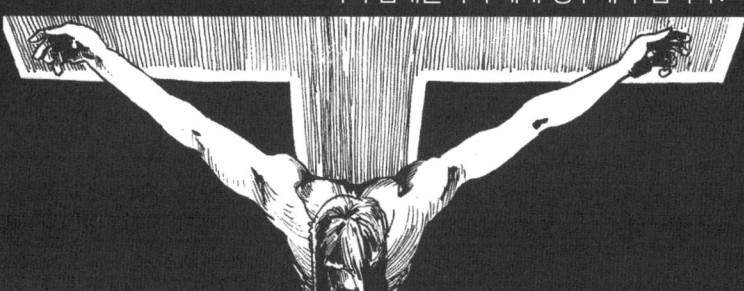

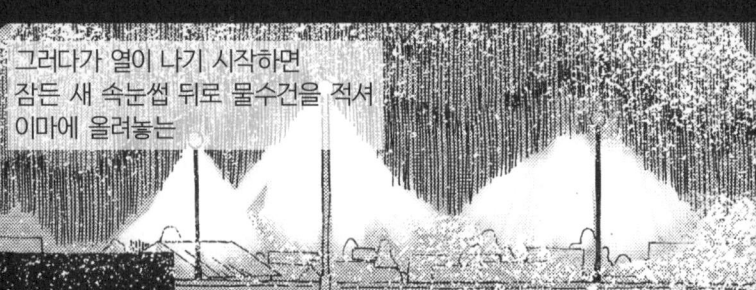

우리가 열렬했던 천사

나는 천사가 유산했던 아이입니다
아기의 이마에 손을 얹으니 나는 내가 되었습니다
커튼 뒤에 숨어 있던 모든 나의 남매들
양말 꿰매던 부모는 맨발로 집을 떠났습니다
당신은 애초에 천사였습니까?
나 너무나 평범하게 죽어 가고 있어
겨울이 되면 부모 대신 벽난로에 불을 지폈습니다
나는 이제 당신의 아이가 아닙니다
그만두고 싶습니다 나를 돌려보내세요
재촉하는 입들이 커튼 뒤에서 수군거렸습니다
한겨울에 거리를 맨발로 누리는 일은
더 이상 나를 측은하게 만들지 않습니다
축하할 포도주를 가져와야 하는 일입니다
가엾은 허깨비들이 천사를 구직하고 있는 나라에서
풍선 같은 젖을 빨며 허파만 자라던
나의 남매들 누구에게 청구해야 합니까?
그러다가 열이 나기 시작하면 잠든 새
속눈썹 뒤로 물수건을 적셔 이마에 올려놓는
착한 사람, 내가 받은 선물은 다시 돌아오지 않을
천사가 준 희고 단 모유 같은 것
오늘도 부모를 구직하는 가여운 남매는

천사를 부정하고, 부모를 지망하는
실업자가 되어 갈 것입니다

◦

　　　이 작품은 제게 향수 같은 작품이에요. 그러니까 그때 한창 많은 시를 쓰면서, 이 시들에게서 풍길 수 있는 향이나 냄새가 있지 않을까 생각하면서 쓴 시였어요. 그걸 먼저 인지하고 쓴 시라 시집에는 넣지 않겠다고 생각을 했어요. 그때 처음으로 오래 품고 있던 단어가 '실업'이었어요. 잃으면서 생겨나고 생기면서 잃게 되는 이야기죠. 적어도 저는 천사가 낳은 천사가 아니었고, 천사가 유산해서 낳은 적 없는, 그래서 어떤 이름도 갖다 붙일 수 있는 사람이라는 것을 이야기하고 싶었는지 몰라요.

도착을 기뻐해 줄 이웃들도
없는 땅에게

통행료를 나눠 줄게

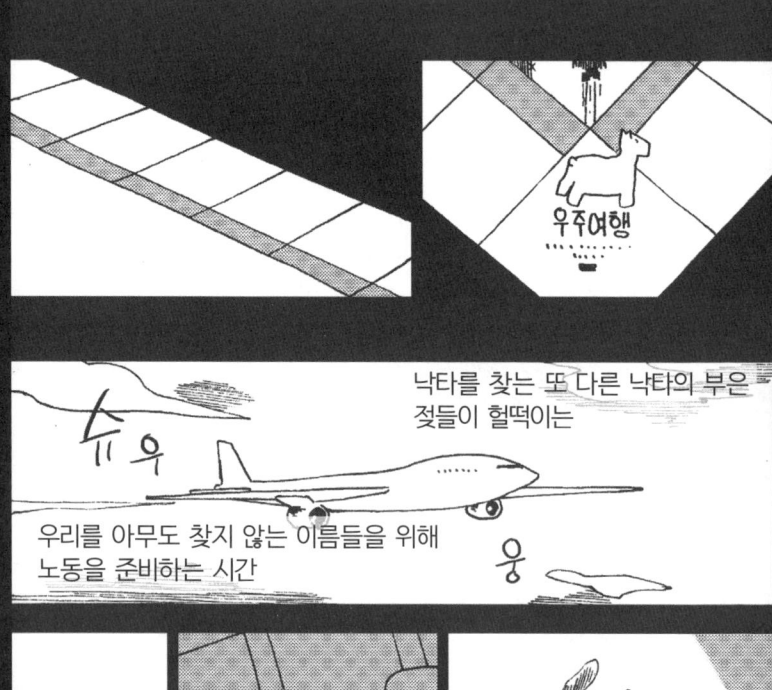

낙타를 찾는 또 다른 낙타의 부은
젖들이 헐떡이는

우리를 아무도 찾지 않는 이름들을 위해
노동을 준비하는 시간

그곳의 모래는
그동안 우리가
다 빻았어

모래를 시계 안에 가두는 건
아직 아무도 하지 않았을 텐데

달리 해야 했다면

카이로 소년

주사위를 던져 카이로에 갔지
달리 가야 한다면
한 바퀴를 돌아도 멈추게 되는 곳에
우리는 제일 좋은 집을 지었다
달리 가야 했을지라도

낙타의 혹을 타고, 우리는 누군가가 마시다 만 물 반 컵을 보았지
갈증을 축이다 만 사람들이 혹을 짓고 사는 사막에
부모를 만났다가 부모와 다시 헤어지고

던질 수 있는 주사위를 잃어버렸지 우리가 가진 숫자로는
낙타의 가족도 알아볼 수 없는데
빠진 발들을 두고 간 여행자들이 외발로 사는 곳에서
미라가 되고 싶어 오래 잘 수 있는 옷을 입고

잠을 방해하는 신기루가 이번 판을 뒤집어엎고선
해몽을 기다리는 여우들처럼 우리를 기다리고 있었어
낙타가 울면, 사막에 몰래 내리는 비가 있는데
슬픔을 축여 먹고 사는 사람들을 우린 좀 알고 싶었지만

가야 해
가고 있어야 해
멈추면

도착을 기뻐해 줄 이웃들도 없는 땅에게
통행료를 나눠 줄게
낙타를 찾는 또 다른 낙타의 부은 젖들이 헐떡이는
우리를 아무도 찾지 않는 이름들을 위해
노동을 준비하는 시간

그곳의 모래는 그동안 우리가 다 빻았어
모래를 시계 안에 가두는 건 아직 아무도 하지 않았을 텐데
달리 해야 했다면

○

　　　두바이에서 처음으로 고운 모래를 발로 밟아보았고, 온몸으로 갈증을 느낀 경험을 데려와 그 중심에서 고민을 풀어나가기 시작했어요. 시집을 엮으며 소년이 전면적으로 등장하는 시가 많아서 조절이 필요하다고 생각했어요. 이 카이로 소년은 한 세계에 묶이기보다는 이렇게 혼자서 가야 한다고 생각했어요. '가고 있다는' 진행 상태에 대해 안도감을 느끼는 우리 세대의 불안감은 끝내 해소되지 않을 테니까요. 무언가를 하고 있지 않을 때 불안감을 가지며 살고 있는 우리에 대해 많이 생각했던 시였어요. 쳇바퀴처럼 제자리로 오는 일을 하기 위해, 정말 많은 곳을 지나야 하는 우리의 피로감에 대해서, 위로나 걱정보다는 같이 간다는 마음을 달아주고 싶었어요. 이 시는 여전히 어딘가를 걷고 있을 것 같아요.

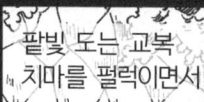

내가 알던 사람이 검은 우산을 쓰고 지나갔다.

발밑엔 사차선 도로가 있고

아는 척하려는 순간에 신호등 불이 바뀌었다.

기억이 정체되어 있는 구간에서

사람들이 쏟아져 나왔다.

기억하지?

횡단보도를 건너던 친구들이 손짓하며 나를 불렀다.

오토바이를 타다 죽은 소년이 있었다.

이름과 얼굴은 알지만 모르는 사람이기도 한

하얀 데드라인이 사라질 때까지 그 소식을 알지 못했다.

희미해지는 공포

모르는 죽음 앞에서 묵념할 만큼

나는 그만큼 살아 있지 못해서

무덤 앞에 도착했을 때 우리는 서로 다른 종류의 속눈썹을 길렀고

서로 다른 침묵을 지켰다.

졸업 앨범을 들추고 말없이 가만히 바라보는

그것이 꽤 괜찮은 추모의 방식으로써

친구의 표정을 짓이기는 일로써

동창회

죽은 줄 몰랐다.
죽은 사람에게서 엽서가 도착하기 전까지는
"나의 무덤을 찾아와!"
엽서엔 양을 다루는 소년이 그려져 있었다.
꼭 사람 같은 표정을 하고 있는

꽃집 앞을 서성거리면서
글쎄, 물 먹은 국화를 집었다가
나는 살아 있는 친구를 만나러 가고 있지
무난한 안개꽃을 집으며
뿌리가 잘린 향기를 맡고 있었다.

지나는 길에 중학교 때 같은 반 친구를 만났다.
팥빛 도는 교복 치마를 펄럭이면서
잘 지냈어? 오랜만이다.
내가 잘 아는 안부를 먼저 말할 때
꼭 학교에 지각한 것처럼 초조해지고
우리는 서로 반대 방향을 걸어 나갔다.
이별한 사람처럼 씩씩하게

유리로 만들어진 육교가 있었는데
계단을 오르락내리락하며
시계 공장의 어린 여공들처럼 바쁘게 놀았다.
고작 계단에 서서 가위바위보를 했는데
시간을 보채던 능력을 잃었다.
내가 알던 사람이 검은 우산을 쓰고 지나갔다.
발밑엔 사차선 도로가 있고
아는 척하려는 순간에 신호등 불이 바뀌었다.
기억이 정체되어 있는 구간에서
사람들이 쏟아져 나왔다.
기억하지? 횡단보도를 건너던 친구들이
손짓하며 나를 불렀다.

오토바이를 타다 죽은 소년이 있었다.
이름과 얼굴은 알지만 모르는 사람이기도 한
하얀 데드라인이 사라질 때까지
그 소식을 알지 못했다.
희미해지는 공포
모르는 죽음 앞에서 묵념할 만큼
나는 그만큼 살아 있지 못해서

평일에 교회에 갔다.
아버지가 목사인 친구를 만나고
들어본 적 있는 것처럼 쉬운 찬송가를 부르고
삶은 달걀 두 개를 양손에 살포시 받았다.
믿음이 쉬워진다.
믿음이 쉬워져 버렸다.

무덤 앞에 도착했을 때 우리는
서로 다른 종류의 속눈썹을 길렀고
서로 다른 침묵을 지켰다.
그것이 꽤 괜찮은 추모의 방식으로써
졸업 앨범을 들추고 말없이 가만히 바라보는
친구의 표정을 짓이기는 일로써

어깨동무가 높이를 결정하고
마주 잡은 손이 부담스러울 때 친구들은
각자의 무덤을 지키느라 바빴다.
겁먹은 파수꾼 같으니라고

어떻게 제자리에서 제자리를 지킬 수 있겠니?
사방으로 흩어지는 물안개

그 속에서도 뿌리 없는 향기를 맡았다.
저 멀리서 안개꽃을 들고 서 있는 소녀가
먼저 시들기 전까지 다시
무덤을 찾아야 한다.
엽서를 버려야 한다.

○

기억이 정체되어 있는 구간에서
사람들이 쏟아져 나왔다.

이 표현이 이 시를 다 말하고 있는 것 같아요. 생각 속에서만 사는 친구들, 사람들을 감당할 수 없게 되어 쓴 작품 같아요. 그리고 '버려야 한다'라는 동사를 통해서 과거에 함몰되어 있는 현재, 내가 할 수 있는 것은 버리거나 잃어버리는 일뿐이라고 생각하는 것 같아요.

개인적인 이야기지만 저는 아주 오래 된 친구를 정말 오랜만에 만나게 되거나, 그럴 때 오히려 반갑지 않고 기분이 상해요. 왜냐하면 내가 예상하지 못한 범주에 그런 만남이 있기 때문인 것 같아요. 저는 깜짝 놀라거나, 생각지도 못한 일에 속수무책인 편인데, 우연찮게 동창을 고향에서 만나게 되면 반갑기보단 씁쓸하고 안 좋은 기분이 들고는 해요. 왜 저는 예상 가능한 일이 실행되었을 때 그것이 기쁨이라고 생각하고 있을까요?

우물 관리인

이 우물은 더 이상 쓰지 않는다

지킬 필요가 없다

길어 올린 것이
너무 많아
마을은 자꾸 어둠

얼굴 없이 얼굴을
부르는 이름들 사이

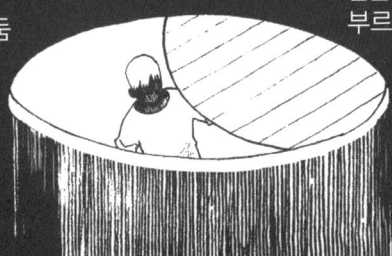

나는 우물을 지킨다

빠져 죽은 구두가 떠오른다.

벗겨 주세요,
이 젖은 발들로부터
도망가게 해 주세요

모르는 척한다

그만한 일로 떠들면
혼이 날 것이다

우물을 버리자

그런 방법을
떠올리다

나는 언제까지 우물을 지키고 있습니까?

이건…

누가 이렇게 해놓은 건가요?

전임자가 이렇게 하고 떠났어요.

여튼 앞으로 관리 부탁 드리겠습니다.

우물은

유령이 유령이 아닌 것처럼 공포가 친밀해질 때까지

아이들이 얼굴에 쓴 검은 천을 벗을 때까지

저기 돌림 노래를 부르며 뛰노는

나를 떠나지 못했다

우물관리인

이 우물은 더 이상 쓰지 않는다
지킬 필요가 없다

길어 올린 것이 너무 많아 마을은 자꾸 어둠
얼굴 없이 얼굴을 부르는 이름들 사이
나는 우물을 지킨다

빠져 죽은 구두가 떠오른다 벗겨 주세요 이 젖은 발들로
부터
도망가게 해 주세요

모르는 척한다
그만한 일로 떠들면 혼이 날 것이다

나는 본 것을 못 본 척하는 재주로
진짜의 아른거림을 몰랐다
비친 얼굴보다 우물 속이 더 어두워서
내일 사라져도 모를 오늘을
아까워하지 않았다

우물을 버리자 그런 방법을 떠올리다

곡괭이와 도끼를 내려놓고 검은 천 한 마를 사 왔다
덮어 버리자 잊는 것이 됩니다
목마른 아이들의 울음소리에 기침이 섞여 있다
어둠보다 더 깊어지면 살아낼 수 있단다

비로소 마을은 온화해진다
나는 언제까지 우물을 지키고 있습니까
저기 돌림 노래를 부르며 뛰노는
아이들이 얼굴에 쓴 검은 천을 벗을 때까지
유령이 유령이 아닌 것처럼 공포가
친밀해질 때까지 우물은
나를 떠나지 못했다

○

　　　우물을 첫 시집으로 세운 세계라고 이해하면 편할 것 같아요. 그러나 내가 우물을 떠나는 것이 아니라, 우물이 나를 떠나지 못한다는 어떤 판단을 하게 된 것 같아요. 다시 말해서 생각의 차이겠죠. 내가 이 집을 떠날 순 있지만 이 집이 나를 떠날 수 없으니까, 나와 세계 사이의 교집합은 어떻게든 다른 방식으로 변하거나 치환될 순 있어도 떨어질 수는 없겠다고 판단하게 됐어요. 어떤 방법으로 인사를 해야 할지, 그리고 그 인사가 새로운 것을 마주하기 위한 인사인지 종종 헷갈리지만, 우물 앞에 한 사람을 두고 그 사람을 자주 들여다보는 멋진 사람이 되고 싶었어요. 그런 사람이 되기 위해 여전히 쓰고, 아직도 쓰고 있어요.

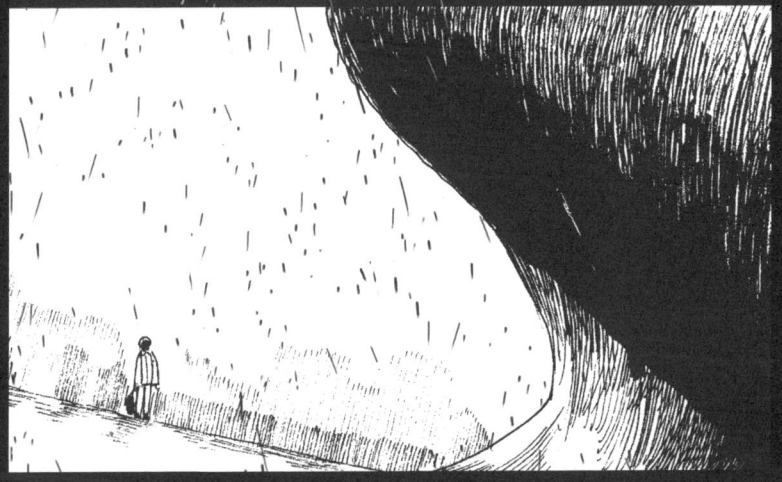

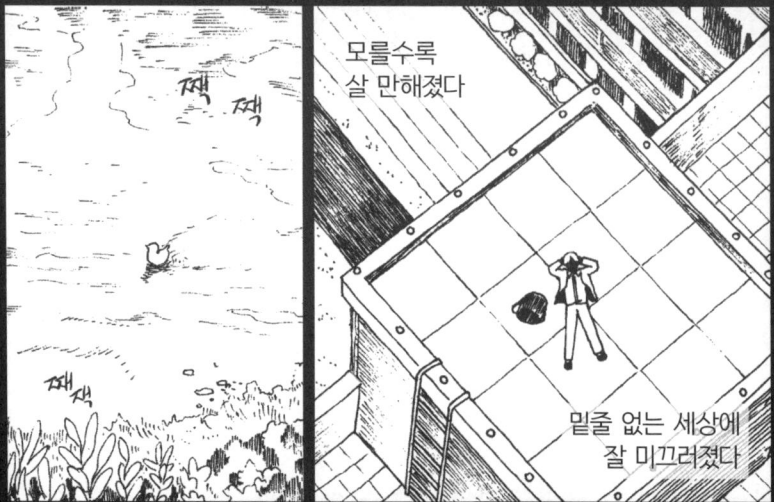

무사히

청동으로 만든 종이 울린다 끝나는지 시작하는지 알 수 없는 일정한 간격, 소리가 들리는데 움직이는 사람 없다 가만히 있어야 한다고 그래서, 태어난 적 없는 것처럼 투명하게 사라지라고 해서

별일들이 잦아드는 언덕엔 피고름 맺힌 리본이 흔들렸다 무서워서 못 본 걸로 하니, 금세 잊혔다 네 번의 종이 다시 울리면, 네 시에 하기 좋은 일들을 했다 거리의 고양이에게 밥을 주기에 이른 시간이란 없었다

우산을 챙긴 날의 맑음은 수고스럽다 아침밥을 걸렀지만 점심밥 먹을 시간이 왔다 신발 끈 풀리고도 조금 더 걸었다 허리 숙이는 일이 거추장스러웠다 다시 비가 와 우산을 펼쳤는데 펴지질 않았다 빗속을 뚫고 종이 울렸다

보건소의 기침들과 성당의 풍금 소리, 파이프의 납땜 소리 모두가 종소리보다 작았지만 오래 났다 출발한 적 없는 아이들이 도착을 위해 서둘 때도, 종소리는 났다 시계보다 조금 일찍 시간을 맞췄다 어차피 그렇게 될 테니까

모를수록 살 만해졌다 밑줄 없는 세상에 잘 미끄러졌다 누

가 버리고 간 세계인가 누가 주인인 척하는가 보살핌은 그렇게 만지기만 해도 아픈 폭력이 되었다 종만 규칙적으로 소리를 냈다 오늘 내리는 산성비

   흘러내리는 종소리를 들으며
   살며시 살아 냈다

○

　　　　저는 세월호를 겪으며 느꼈던 온갖 슬픔과 제 안에서 들끓는 분노의 폭동을 삭히면서 아무것도 쓰거나 읽지 못했어요. 주변 동료 작가들은 세월호 낭송시를 쓰고, 추모시를 썼지만 전 그러지 못했어요. 그들의 슬픔을 이해하는 것이 제 스스로에게 무모한 것 같았거든요. 무사히 살려고 하는 저의 모습을 쓰려고 했던 것 같아요. 슬픔을 직접적으로 위로할 수 없는 저의 모습이랄까요. 살아냈다는 말이 기쁜 것이 아니라 부끄러운 일이라는 걸 처음 느꼈고 그걸 작업했어요.

프롤로그

어디 가서 절대 말하지 말라고 했다

그리고

나는 어겼다

만화가의 말

작품을 하는 데 있어 저에게 가장 중요했던 동기 중 하나는 음악이었던 것 같습니다. 음악이 소재인 만화를 그리고 싶었고 음악이 소재인 만화로 데뷔를 했지만, 그림만 그리고 리스너로서의 삶을 보냈던 역량으로는 음악만화를 그리기에는 디테일이 크게 모자라다는 걸 깨달았습니다. 그래서 여차저차 하여 음악을 시작했습니다.

음악을 시작했다는 건 제가 (락)밴드를 시작했단 뜻인데요, 밴드를 하는 것과 노래를 만드는 건 또 다른 일 이었습니다. 밴드는 연주를 하며 하나가 되도록 서로 닮아가려 노력하는 것이고 노래를 만드는 건 하고 싶은 말을 담아 전달하는 일이었죠.

노래를 만들며 가사를 쓰다보면 제가 만화를 그리며 드러내고 싶은 메시지를 살짝살짝 보여주는 일과 많이 닮았다고 생각합니다.

작곡만으로 의도를 드러내는 방법도 있지만 정말 연주를 잘하지 않으면 전달이 어렵고, 작사로 메시지를 전달하는 게 저로서는 조금 더 직관적이고 확실하게 보여줄 수 있는 방법이라 가사 쓰는 데 이따금 꽤 시간을 보내곤 했습니다.

가사를 쓰다보면 이건 시구나 하고 느낄 때가 있습니다. 하지만 제가 쓴 시는 스스로 만족할 정도로 마음에 드는 시는 아니었습니다.

사실 시집은 거의 읽지 않습니다. 네오카툰을 통해 시집을 만화로 만들자는 의뢰가 들어왔을 때의 본심은 '거절하는 것이 맞겠지' 좀 더 문학과 절친한 작가님이 작업을 맡아주시는 게 더 나은 결과물을 만들 수 있는 일이라고 생각했습니다.

하지만 서윤후 시인님의 시집을 읽고 그 속으로 흠뻑 빠지고 난 뒤, 그만 욕심을 생겨 이 책에 만화가로 이름을 올리고 말았습니다. 그래도 지금 할 수 있는 최선을 다해 그렸고 서윤후 시인님의 의도를 가능한 한 굴절 없이 전달하려 노력했습니다.

세상에서 가장 이쁜 저의 두 살배기 아들의 육아를 잠시 놓으면서까지요.
편집자님, 서윤후 시인, 아빠 없이 아기 돌보느라 고생한 아내 불친절과 장모님, 부모님께 감사합니다.

잘 부탁드립니다.

2017년 4월
노키드

만화시편01

구체적
소년

ⓒ 서윤후·노키드, 2017

초판 1쇄 인쇄일 2017년 4월 17일
초판 1쇄 발행일 2017년 4월 24일

시	서윤후
만화	노키드
펴낸이	정은영
책임편집	이책

펴낸곳	(주)자음과모음
출판등록	2001년 11월 28일 제2001-000259호
주소	04083 서울시 마포구 성지길 54
전화	편집부 (02)324-2347, 경영지원부 (02)325-6047
팩스	편집부 (02)324-2348, 경영지원부 (02)2648-1311
E-mail	neofiction@jamobook.com

ISBN 978-89-544-3732-5 (04810)
      978-89-544-3731-8 (set)

네오카툰은 (주)자음과모음의 만화 브랜드입니다.
잘못된 책은 구입처에서 교환해드립니다.